부모님이 나이 들어 가실 때

가톨릭출판사

Quand mes parents vieillissent
by Annie Beauducel, Claude Beauducel
© 2017, Éditions de l'Emmanuel ;
89, Bd Auguste Blanqui – 75013 PARIS (France)

부모님이 나이 들어 가실 때

2019년 4월 30일 교회 인가
2019년 6월 9일 초판 1쇄 펴냄

지은이 · 아니 보듀셀, 클로드 보듀셀
옮긴이 · 이재정
펴낸이 · 염수정
펴낸곳 · 가톨릭출판사
편집 겸 인쇄인 · 김대영
편집 · 김은경, 전채연, 정주화
디자인 · 박지현
기획 · 홍보 · 임찬양, 장제민, 안효진

본사 · 서울특별시 중구 중림로 27
지사 · 경기도 고양시 일산동구 노첨길 65
등록 · 1958. 1. 16. 제2-314호
전자우편 · edit@catholicbook.kr
전화 · 1544-1886(대)/ (02)6365-1888(물류지원국)
지로번호 · 3000997

ISBN 978-89-321-1617-4 03230

값 8,000원

가톨릭출판사 인터넷쇼핑몰 http://www.catholicbook.kr
직영 매장 · 명동대성당 (02)776-3601, (070)8865-1886/ FAX (02)776-3602
　　　　　 가톨릭회관 (02)777-2521, (070)8810-1886/ FAX (02)6499-1906
　　　　　 서초동성당 (02)313-1886/ FAX (02)585-5883
　　　　　 서울성모병원 (02)534-1886/ FAX (02)392-9252
　　　　　 절두산순교성지 (02)3141-1886/ FAX (02)335-0213
　　　　　 부천성모병원 (032)343-1886
　　　　　 은평성모병원 (02)363-9119
　　　　　 미주지사 (323)734-3383/ FAX (323)734-3380

가톨릭의 모든 도서와 성물을 '가톨릭출판사 인터넷쇼핑몰'에서 만나 보실 수 있습니다.

성경 · 교회 문헌 ⓒ 한국천주교중앙협의회

이 도서의 국립중앙도서관 출판예정도서목록(CIP)은 서지정보유통지원시스템 홈페이지(http://seoji.nl.go.kr)와
국가자료공동목록시스템(http://www.nl.go.kr/kolisnet)에서 이용하실 수 있습니다. (CIP제어번호: CIP2019019009)

이 책의 한국어판 저작권은 (재)천주교서울대교구 가톨릭출판사에 있습니다.
저작권법에 의해 한국 내에서 보호를 받는 저작물이므로 무단 전재 및 무단 복제를 금합니다.

하느님과 함께하는 부모님의 신앙 여정

부모님이 나이 들어 가실 때

아니 보듀셀 · 클로드 보듀셀 지음
이재정 옮김

가톨릭출판사

🌿 불행의 날들이 닥치기 전에, "이런 시절은 내 마음에 들지 않아."하고 네가 말할 때가 오기 전에, 해와 빛, 달과 별들이 어두워지고 비 온 뒤 구름이 다시 몰려오기 전에 그분을 기억하여라. … 힘센 사내들은 등이 굽는다. 맷돌 가는 여종들은 수가 줄어 손을 놓고 창문으로 내다보던 여인들은 생기를 잃는다. … 인간은 자기의 영원한 집으로 가야만 하고 거리에는 조객들이 돌아다닌다. 은사슬이 끊어지고 금 그릇이 깨어지며 샘에서 물동이가 부서지고 우물에서 도르래가 깨어지기 전에 너의 창조주를 기억하여라. 먼지는 전에 있던 흙으로 되돌아가고 목숨은 그것을 주신 하느님께로 되돌아간다.

— 코헬 12,1-7

부모님께 이 책을 바칩니다.

나의 사랑하는 자녀들과 그들의 배우자인 에릭과 나탈리, 크리스틴과 파스칼, 프랑수아와 양티, 마리와 다미앵, 베로니크와 세드릭 그리고 내 손주들인 클레어, 로흐, 알렉산드르, 카밀, 마틸드, 장, 아더, 루이즈, 오거스틴, 젤리를 기억합니다.

저에게 귀한 도움을 준 마리 엘리사벳 마르탱과 로렌스 드 생 뱅상에게도 감사의 마음을 전합니다. 또한 소중한 경험을 나눠준 도미니크, 마리 클로드, 베네딕트, 테레즈, 마리 마들렌, 엘리사벳, 장 로맹, 카트린과 다른 모든 분에게도 감사의 마음을 전합니다.

차례

들어가는 말 · 10

1장 혼란스러운 상황

부모님이 나이 들어 가시는 것에 대한 인식 · 16
심리적 안전에 대한 위협 · 18

2장 아이를 돌보듯 부모님을 돌봐야 한다고요?

보호받고 싶은 욕구 · 24
가치를 인정받고 싶은 욕구 · 26
사랑받고 싶은 욕구 · 30

3장 진실하게 사랑하기

나는 가족과 어떤 관계를 맺고 있는가? · 36
용서의 중요성 · 39
형제자매 사이의 질투 · 50

부모님과의 관계, 하느님과의 관계 · 52
진정한 변화를 도와주는 신앙생활 · 54

4장 어떻게 부모님을 공경해야 하는가?

성경에 기록된 계명 · 60
부모님과 함께 시간 보내기 · 67
부모님의 나약함을 받아들이기 · 69
지혜의 샘이신 부모님 · 71
손주들에게 줄 수 있는 선물 · 74

5장 자기 위치를 정확하게 알기

쉽게 지치지 않기 위해 알아 둘 것들 · 80
형제자매와 책임을 분담하기 · 84
주변 사람들의 조언 구하기 · 88

6장 부부의 위치 바로잡기

부모님에게서 독립하기 · 92
부모님과의 관계 돌아보기 · 93
지속적인 균형 찾기 · 94

7장 부모님의 신앙 여정에 동반하기

새로운 자신을 찾는 자유 · 100
소박한 것의 재발견 · 102
부모님과 함께 기도하기 · 104
하느님의 역사하심을 체험하기 · 111
고해성사 권하기 · 118
병자성사 준비하기 · 123

8장 생활 환경 정비하기

부모님의 상황을 고려하기 · 130
각자의 삶 존중하기 · 132

우리를 대신해 도와줄 사람 찾기 · **134**
방문 서비스 이용하기 · **136**
노인 요양원 알아보기 · **137**

나가는 말 · 144

부록 미리 알아 두면 좋은 노인 복지 제도 · 148

 **들어가는 말**

 부모님이 나이 들어 가시는 모습을 바라보는 것은 그리 마음 편한 일이 아닙니다. 부모님의 도움을 받지 않고 스스로 자기 인생을 일구어 왔다고 해도 그렇습니다. 더욱이 부모님이 쇠약해지시고 점점 더 의존적인 모습을 보이신다면 우리는 더욱 더 동요될 수밖에 없습니다. 이러한 상황에 부딪히게 되면 인간이 지닌 유한성에 대해 깊은 성찰을 하게 됩니다.

 현대 의학의 발달로 인간의 수명은 연장되었습니다. 얼마 전까지만 해도 한 가족 안에 네다섯 세대가 함께 살아가는 모습은 매우 보기 드문 일이었지만, 요즘은 그리 어렵지 않게 볼 수 있는 풍경입니다. 이러한 가족 관계에서 어떤 세대는 중간에 '낀' 세대가 되어, 자신의 삶을 책임지는 동시에 어린 자녀들을 돌봐야 할 뿐 아니라 연로한 부모님까지도 부양하게 되었습니다. 이 책은 바로 이러한 세대를 위한 것입니다.

우리는 이와 같은 주제에 대해 서로의 경험담을 나누기도 합니다. 첫 번째 관심사는 가정생활에 관한 것입니다. 저도 결혼한 지 50년이 넘으니 어느새 손주를 열 명이나 둔 할아버지가 되었습니다. 그렇지만 아내 아니의 어머니는 여전히 건강하게 지내고 계십니다.

우리 부부는 30년 동안 제 어머니와 함께 지냈습니다. 함께 사는 것이 때로는 힘이 들기도 했지만, 가족 안에서 세대와 세대 사이의 관계가 무엇인지를 다시 생각해 볼 수 있는 기회였습니다. 우리는 함께 살아가기 위해서 생활 방식을 여러 번 바꾸기도 했고 친구들의 조언에 따라 집 안에 어머니가 혼자 지내실 수 있는 별도의 공간을 마련하기도 했습니다. 아내는 저와 달리 부모님과 함께 살지 않았습니다. 아내의 형제자매들은 장인 장모가 사실 집을 따로 장만해 드렸고, 장인어른이 선종하실 때까지 함께 돌봤습니다.

우리 부부는 십여 년 전부터 장례를 치르는 가족들을 돕는 모임을 운영하고 있습니다. 그분들의 장례식을 도와주면서, 가족 관계가 어떤 부분에서 상처를 입을 수 있으며 어떻게 해야 부모님과 화해하는 희망의 길로 나아갈 수 있는지 배웠습니다.

현대 사회에서 노인들은 점점 더 설 자리를 잃어 가고 있습니다. 그러나 많은 가족들은 여전히 이러한 어려움을 드러내려고 하지 않습니다. 실제로 노인들이 할 수 있는 사회적 역할은 점점 줄어들고 있으며, 직장에서 은퇴한 이들은 다음 세대가 발전시켜 나가고 있는 고도로 전문화된 세상과 점점 단절되어 가고 있습니다. 과거 농촌에서는 한 가정에 여러 세대가 함께 살면서 부모님이 돌아가실 때까지 가족이 함께 보살피는 것이 지극히 자연스러운 일이었습니다. 죽음도 삶의 한 부분이기 때문입니다.

그러나 오늘날에는 이러한 모습을 더 이상 자연스러운 것으로 받아들이지 않습니다. 가족은 뿔뿔이 흩어져 살아가고, 많은 노인은 자녀들과 멀리 떨어져 살면서 쓸쓸하게 늙어 가고 있습니다. 사실 부모님과 함께 살아가는 가장 좋은 방법이 무엇인지에 대한 완벽한 답은 없습니다. 이에 대한 해답을 찾는 것은 오로지 가족의 몫입니다.

이러한 현실에 어려움을 호소하면서도 우리는 계속해서 새로운 해결 방법을 모색하고 있습니다. 가족과 세대 간의 유대가 여전히 가능하다고 믿기 때문입니다.

이 책에는 여러 사람의 체험과 증언, 그리고 하느님 말씀에 근거한 교회의 지혜가 담겨 있습니다. 이러한 것들을 살펴보면서 우리의 믿음이 틀리지 않았다는 것을 확인할 수 있습니다.

부모님이 나이 드시는 것을 보면서 무력감에 빠질 수

도 있습니다. 그럴수록 우리가 직면한 상황을 정확하게 보고 필요한 결정을 내려야 합니다. 그러면 여전히 희망을 간직할 수 있는 능력이 우리에게 있다는 것을 체험하게 될 것입니다.

1장

혼란스러운 상황

부모님이 나이 들어 가시는 것을 인식하고 그것이 삶의 일부라는 것을 깨달았더라도 여전히 우리에게는 이 상황이 혼란스러울 수밖에 없습니다. 이럴 때일수록 혼란스러운 감정의 이면을 잘 살펴 부모님과 새로운 관계로 나아가야 합니다.

부모님이 나이 들어 가시는 것에 대한 인식

우리가 살아가는 데 부모님은 중요한 기준이 됩니다. 부모님은 우리의 뿌리이기에 긍정적이든 부정적이든 부모님과의 관계 속에서 성장하며, 우리 각자의 외형적인 모습 또한 부모님이 기준이 됩니다. 그래서 부모님에 대해 잘 알고 있다고 믿으면서, 나이 든 부모님을 보게 되리라는 사실을 받아들이기 어려워합니다.

그러다 어느 날 갑자기 부모님이 서서히 연로해지시고 있다는 것을 알아차립니다. 부모님이 똑같은 질문을 계속하시거나 별것 아닌 일에 크게 놀라시는 모습을 볼 때 부모님이 전보다 많이 약해지셨다는 것을 느끼게 됩니다. 급기야 부모님이 평소와 다른 반응을 보이시기 시작하면 부모님에게 일어난 변화를 명확하게 알아차리게 됩니다. 텔레비전 볼륨을 많이 높이셔야 할 만큼 청력이 나빠지거나 예전과는 달리 낮잠을 자주 주무실 때, 걸음걸이가 위태롭고 걷다가 자주 넘어지실 때, 병원에 자주 다니시는 것을 확인할 때 우리는 부모님이 약해지셨음을 실감하게 됩니다.

이런 상황이 오면 부모님과 함께 새로운 삶의 난세로 들어가야 하고, 앞으로 부모님에게 우리 도움이 더 많이 필요할 것이라는 사실을 인식해야 합니다.

어느 해 여름에 온 가족이 함께 휴가를 갔는데, 늘 그렇듯 아버지는 지팡이를 짚고 산책을 나가셨어요. 그 산책길은 아버지가 40년도 넘게 걸으신 길이었습니다. 그날도 아버지는 혼자 산책을 나가셨는데 몇 시간이 지나도 돌아오시지 않는 것이었습니다. 걱정이 되어 가족과 친구들 모두 아버지를 찾아 나섰습니다. 다행히 숙소에서 멀지 않은 곳에서 아버지를 찾았는데, 너무나 지친 모습으로 벽에 기대어 앉아 계셨습니다. 아마도 집까지 돌아올 힘이 없으셨던 것 같습니다. 그때 저는 아버지가 나이 드셨고, 예전과 같지 않으시다는 것을 깨달았습니다. (안느)

심리적 안전에 대한 위협

예전에 부모님은 우리를 지켜 주시는 분들이었습니다. 부모님에게서 보호받고 있다는 심리적 안정감은 부모님이 연로해지시는 때부터 위협을 받게 됩니다. 부모님이 건강하시고 가까운 곳에 지내신다면, 자주 찾아뵙고 아이들을 키우는 지혜를 물을 수도 있을 것입니다.

그렇지만 부모님과 멀리 떨어져 지내면 주말이나 명절이 되어야 찾아뵙고 같이 시간을 보낼 수 있습니다.

생각해 보면 안전에 대한 감정은 순전히 주관적이기 때문에 모든 상황에서 똑같은 감정을 느낀다고 말하기는 어렵습니다. 만일 부모님 중 한 분이 먼저 돌아가시고 곧이어 나머지 한 분이 돌아가신다면 우리는 큰 충격에 빠지게 될 것입니다. '자기보다 연장자인 누군가가 아직 살아 있다는 사실 즉, 내가 아직 가족 중에 가장 연장자가 아니라는 사실에 심리적인 안정감을 느끼기 때문입니다.

우리는 부모님이 나이 들어 가시는 모습을 보며 우리 자신도 그렇게 늙어 갈 것이라는 사실을 자각하게 됩니다. 이것이 우리가 불안해하고 두려워하는 이유입니다.

제가 쉰 살 때 아버지가 돌아가셨습니다. 그때 저는 한 가정의 가장이었고, 직장에 다니고 있었습니다. 그러던 어느 날 갑자기 마음이 심란해졌습니다. 이제 가족 중에 저보다 윗사

> 람이 아무도 없다는 것을 문득 깨달았기 때문입니다. 이제
> 저를 지켜 줄 사람이 없다는 생각에 너무나 힘들었습니다.
> (파스칼)

신앙 안에서 우리는 부모님이 우리의 전부가 아니라는 사실을 잘 알고 있습니다. 우리에게는 모든 희망의 원천이신 하느님 아버지가 계십니다. 그렇기에 불안한 현실을 마주할 때 우리를 참으로 지켜주실 분은 하느님뿐이라는 사실을 깨닫게 됩니다. 하느님만이 절대적이고 영원한 사랑과 현존으로 신뢰와 보증을 주실 수 있는 유일한 분이십니다.

부모님이 나이 드시는 것을 지켜보면서 예전에 누리던 평온한 상태를 더 이상 지속할 수 없다는 사실을 인정하게 됩니다. 부모님이 건강하실 때는 별다른 걱정을 하지 않았지만, 이제는 평온함을 포기하고 부모님과 새로운 관계를 지속적으로 형성해 가야 합니다.

쉽다면 쉽고 어렵다면 어려운 일이지만 우리는 살아

가면서 자주 뒤를 돌아봐야 합니다. 그래야 개인과 가족의 역사를 새로운 시각에서 바라볼 수 있고, 올바른 관계를 만들어 갈 수 있습니다. 뒤를 돌아보는 것은 경우에 따라 놀라운 결과로 드러나기도 합니다. 그러므로 하느님께 당신의 성령으로 우리를 밝혀 주시어 당신 눈으로 부모님을 바라볼 수 있게 해 달라고 청하십시오. 그래야 부모님에게 진정한 연민을 느낄 수 있습니다.

2장

아이를 돌보듯
부모님을 돌봐야 한다고요?

노인들에게는 세 가지 본질적인 욕구가 있습니다. 그것은 보호받고 싶은 욕구, 자신의 가치를 인정받고 싶은 욕구 그리고 사랑받고 싶은 욕구입니다. 이 세 가지가 늙으신 부모님에게 우리가 특별히 관심을 기울여야 하는 부분입니다.

보호받고 싶은 욕구

시간이 갈수록 부모님은 우리가 곁에 없으면 불안해하시고 당신들과 함께 있어 주기를 강하게 요구하실 것입니다. 우리가 휴가를 가거나 다른 이유로 부모님 곁을 떠나게 되면 부모님은 여러 가지로 우리를 힘들게 하실 수 있습니다. 나이가 들수록 감정적으로 보호받고자 하는 욕구가 강해지며 안전에 대한 예방 조치를 해 주기를 바라기 때문입니다.

아버지가 돌아가신 후로 어머니는 우리가 잠시라도 당신 곁을 떠나는 것을 몹시 힘들어하셨습니다. 그럴 때마다 어머니와 함께 한바탕 크게 울고 나서야 헤어질 수 있었습니다. (마리안느)

부모님은 부정적이고 비관적인 말투로 불안감을 드러내시기도 하며 때로는 공격적인 모습을 보이시기도 합니다. 부모님이 비난이나 질책을 하신다면 그것은 부모님이 지금 불안하시다는 증거입니다.

"더 일찍 올 수 있었잖아! 내가 얼마나 걱정했는지 알아?"
집에 갔을 때 어머니는 저에게 이렇게 쏘아붙이셨습니다. 그래서 저는 어머니를 위한 시간을 내려고 일정을 조정하느라 힘든 적이 많았습니다. (안느)

처음에는 부모님과 똑같이 언성을 높이며 사납게 대꾸할 때가 많았을 것입니다. 그러나 이제는 부모님을 새로운 시선으로 바라보아야 합니다. 그래야 부모님을 이해할 수 있고, 우리에게 도움을 청하시는 신호를 알아차릴 수 있습니다. 물론 부모님에 대한 태도를 하루아침에 바꾸는 것이 쉽지는 않을 것입니다. 그러나 우리는 더 이상 어린아이가 아니라 연로하신 부모님이 의지하는 어른이라는 사실을 깨달아야 합니다.

"자, 보세요, 어머니. 저 여기 있어요. 늘 어머니를 기억하고 있었어요."

이 간결하지만 다정한 말 속에 부모님을 안심시켜 드릴 수 있는 힘이 있습니다.

가치를 인정받고 싶은 욕구

연로하신 부모님에게는 모든 것이 점점 더 하기 힘든 일이 되어 가기 때문에 일상생활의 소소한 부분에 더 많은 시간을 할애하게 됩니다. 또 장소를 옮겨 이동하는 일이 점점 더 힘들어지기 때문에 교통비도 더 많이 들게 됩니다. 부모님의 대화 주제는 대부분 돈 문제나 늘 반복되는 일상에 대한 걱정입니다. 집에 누구를 초대하거나 다른 사람을 방문하는 것 역시 부모님에게는 부담이 되는 일입니다.

예전에 부모님은 일상에서 일어나는 소소한 문제들을 잘 처리하셨지만 이제는 당신들이 해야 할 일까지도 자녀들이 대신해 주기를 바라십니다. 그래서 우리뿐 아니라 자녀들의 일까지도 책임져야 하는 입장에서는 부모님이 요구하시는 것까지 감당하느라 마음이 자주 혼란스러워집니다.

> 어머니는 한 가정의 모범적인 안주인이셨고, 집에서 가족들이 모이는 것을 좋아하시는 분이었습니다. 그런데 이제는 누가 찾아온다고 하면 몹시 불안해하십니다. 그래서 모임이 있는 날에는 제가 미리 가서 모든 준비를 어머니와 함께합니

다. 그래야 어머니께서 안심하십니다. (안느)

이제는 우리가 부모님을 돌보고 지켜 드려야 한다는 것을 깨달아야 합니다. 처음에는 이런 상황에 마음이 시소처럼 오르락내리락할 수도 있습니다. 부모님에게 우리가 필요한 존재라는 사실에 뿌듯하다가도 부모님을 돌보느라 사생활이 뒤죽박죽되면 짜증이 나기도 할 것입니다.

시간이 지날수록 부모님은 다양한 방식으로 우리에게 의존하려고 하실 것입니다. 기력이 점점 약해지면서 곤란한 상황에 자주 처하시게 되고 육체적인 장애로 고통을 받으시기도 할 것입니다. 그럴 때마다 부모님을 병원으로 모셔 가고, 산책을 시켜 드리거나 함께 식사를 하고, 난방 문제를 해결하고, 편지를 대신 써 드리거나 관공서 민원을 처리해 드리는 여러 가지 일들을 우리가 맡아서 해야 합니다.

부모님 중에는 아직 이런 일들을 스스로 할 수 있다

고 생각하시는 분들도 있습니다. 그래서 다른 사람들의 도움을 바라면서도 한편으로는 당신들이 최대한 스스로 할 수 있도록 주변 사람들이 배려해 주기를 바라십니다. 단지 당신들과 함께 있어 주는 것만으로 충분하다고 생각하시기도 합니다.

> 어머니는 혼자서 걷지 못하시지만 여전히 손주들에게 선물을 주려고 뜨개질을 하십니다. 손주가 태어날 때마다 갓난아이에게 필요한 배내옷을 정성스럽게 준비해 주십니다. (클레멘스)

> 어머니는 생일을 맞은 손주들에게 작은 축하 카드를 보내는 것을 좋아하십니다. 손주들 한 명 한 명을 모두 잊지 않고 기억하고 있다는 것을 보여 주시려는 것입니다. 저는 그런 어머니를 위해 손주들의 생일을 알려 드릴 필요가 있다고 생각했습니다. 어머니가 스무 명이나 되는 손주들의 생일을 일일이 기억하기 어려우실 것이기 때문입니다. (프랑수아즈)

우리가 더 이상 부모님을 필요로 하지 않고 오히려 부모님이 우리에게 의지하신다고 해도 부모님은 부모님이십니다. 지금 부모님의 상태가 어떻든 부모님에게는 여전히 자존심이 남아 있습니다. 우리에게 생명을 주시고 그 생명으로 우리를 가르치시면서 당신의 모든 사랑을 나눠 주신 분이 바로 부모님입니다. 그러므로 부모님에게 변치 않을 존경을 끝까지 드려야 합니다.

"마음을 다해 네 아버지를 영광스럽게 하고
 어머니의 산고를 잊지 마라.
 네가 그들에게서 태어났음을 기억하여라.
 그들이 네게 베푼 것을 어떻게 그대로 되갚겠느냐?"

— 집회 7,27-28

사랑받고 싶은 욕구

우리는 부모님에게 사랑받는 것에 익숙해져 있습니

다. 그렇지만 부모님이 연로해지심에 따라 상황이 뒤바뀌고 있다는 것을 깨달아야 합니다. 비록 드러내 놓고 말씀하시지 않더라도 부모님 역시 사랑받고 싶어 하십니다.

부모님이 언제까지고 어른으로 남아 계실 수는 없습니다. 육체적으로 허약해지고 정신적으로 쇠약해지는 부모님을 보면 마음이 좋지 않아 자꾸 신경이 쓰이기 마련입니다. 그래서 부모님이 우리에게 의지하실수록 아이를 대하듯 부모님을 대하기도 합니다. 밥을 먹여 드린다거나 화장실에 모시고 가는 것처럼 우리 자녀에게 하는 행동을 부모님에게도 자연스럽게 하는 것입니다.

부모로서 자녀를 소중히 대하는 것은 자연스러운 행동입니다. 우리에게는 자녀들의 건강을 돌보고 잘 지내도록 보살피고 제대로 배우고 익히는지 살필 책임이 있습니다. 이러한 행동은 자녀들에게 부모가 자기를 얼마나 사랑하고 안전하게 보호해 주고 있는지를 드러내는 기회가 되기도 합니다.

그러나 부모님과는 이런 연결 고리가 더 이상 남아 있지 않습니다. 성인으로서 우리 자신의 삶을 위해 이미 어머니 아버지에게서 떠나왔기 때문에 다시 부모님과 가까워지는 것이 이제는 어려운 일이 되었습니다.

> 아버지가 병환으로 몸져누우신 후 정상적인 생활을 하기가 어려우셨습니다. 저와 언니는 아버지를 씻겨 드리고 옷을 갈아입혀 드렸으며, 주일에도 아버지를 보살펴 드려야 했습니다. 아버지는 의식은 있으셨지만 모든 것을 포기하신 듯 저희에게 의지하는 모습을 보이셨습니다. 우리를 낳으시고 기르셨지만 육체적 고통 때문에 움직이지 못하시는 아버지의 몸을 닦아 드리면서 마음이 참으로 심란했습니다. (엘리사벳)

이제 우리는 부모와 자식의 애정 관계를 넘어서서 부모님을 연민의 눈으로 바라봐야 합니다. 물론 각자가 처한 상황은 예전에 부모님과 맺었던 관계가 어떠했는지에 따라 다를 수 있습니다.

제 친구 중 하나는 어머니께 많은 사랑을 받지 못하며 자랐습니다. 아마도 그 친구는 어머니와의 관계를 회복하는 데 많은 시간이 필요할 것입니다. 무엇보다 하느님께서 그 친구에게 자비를 베풀어 주시어 어머니를 용서할 수 있는 마음이 생겨나고 어머니에 대한 연민의 마음을 진정으로 가질 수 있게 되기를 간구합니다.

아버지의 임종을 앞두고 제가 반드시 해야겠다고 결심한 것은 아버지에게 사랑한다는 말씀을 드리는 것이었습니다. 사실 우리 가족은 서로 사랑한다는 말을 잘 하지 않고 살아왔습니다. 그래서 사랑한다는 저의 말에는 많은 의미가 함축되어 있었습니다. 저는 한참을 머뭇거렸습니다. 그러던 어느 날 아버지를 찾아갔는데, 아버지가 저에게 당신의 사랑을 표현하셨습니다. 아버지의 그런 마음이 저에게 평화와 치유를 가져다주었습니다. (아니)

우리 가족은 개인의 자유를 중요시하고 애정 표현은 잘

하지 않아 왔습니다. 그래서인지 서로에게 자상한 모습을 잘 드러내지 않았습니다. 그런데 연세가 아흔여섯이신 어머니를 자주 안아 드리고 손을 잡아 드리고 헤어지기 전에 어머니 볼에 입을 맞추면서 문득 깨달았습니다. 마음으로 하는 대화'인 스킨십을 통해 정신적으로 더 가까워지고 관계가 더욱 공고해진다는 것을 말입니다. 노인들과 스킨십을 하는 것은 그분들에게 사랑하는 마음을 전하는 것입니다. (엘리사벳)

신비롭게도 하느님께서는 우리가 겪는 모든 일을 살피시면서 거룩한 삶을 살아가도록 이끌어 주십니다. 그리고 부모님을 돌보며 참된 사랑을 깨닫도록 도와주십니다. 이것은 지금까지 부모님과 맺어 온 관계를 뛰어넘으라는 하느님의 가르침입니다.

"사람에게는 그것이 불가능하지만
하느님께는 모든 것이 가능하다."

— 마태 19,26

3장

진실하게 사랑하기

경우에 따라서는 상속 문제로 부모님과의 관계가 어색해지거나 부모님에 대한 참된 연민이 생기지 않을 수도 있습니다. 가족 간의 틀어진 관계 때문에 부모님에게 좋지 않은 태도를 보일 수도 있습니다. 이럴 때는 부모님을 다시 찾아뵙고, 관계를 차분하게 돌아보는 것이 중요합니다.

나는 가족과 어떤 관계를 맺고 있는가?

진실한 마음으로 다음 질문에 답해 보시기 바랍니다.

- 혹시 부모님에게 마음에 맺힌 것이 있지는 않습니까?
- 형제자매 가운데 누군가를 더 편애하는 부모님에게 불만

을 품고 살아오지는 않았습니까?
- 가족 사이에 말하지 못한 비밀이 있습니까?
- 그동안 가족과 관계를 끊고 살아왔습니까?

연로하신 부모님이 자주 찾아오라고 부르실 때마다 유년 시절이나 청소년 시절에 받았던 인간적인 상처들이 다시 떠오를 수 있습니다. 그러나 부모님은 우리가 상처받았다는 사실조차 기억하지 못하실 수도 있습니다. 또 부모님이 살아 계시는 동안 상속에 관한 분쟁을 해결하기도 쉽지 않습니다.

그럼에도 부모님이 돌아가시고 나서 지독한 슬픔에 빠지기 전에 우리가 직접 해결해야 할 일들이 있습니다. 그것은 아직 해결하지 못한 반목과 대립, 그동안 부모님에게 기대하기 어려웠던 용서와 관계 회복에 대한 것입니다. 그러기 위해서는 아버지, 어머니와 함께했던 추억을 떠올리며 그분들과의 관계를 되돌아보는 것이 필요합니다.

어머니 댁에서 돌아올 때면 남편과 저는 항상 기분이 좋지 않았습니다. 무척 피곤하고 불편했으며 참기 어려운 감정을 느꼈습니다. 우리는 그 상황을 되짚어 보면서 이야기를 나누고 기도하였습니다. 그때 제가 깨달은 것은 어머니는 항상 권위적인 태도로 저를 가르치려 하신다는 것과 제가 그러한 어머니의 태도를 받아들이지 못하고 힘들어한다는 것이었습니다. 어릴 때부터 어머니는 저를 부정적인 시선으로 보시면서 제가 무엇을 선택하든 늘 잘못되었다고 말씀하셨습니다. 사십 년이 흐른 지금, 저는 어머니의 이런 태도를 더 이상 받아들이기 힘들었습니다.

피정에 참여하면서 저는 어머니와의 관계에 대해 다시금 성찰해 볼 수 있었습니다. 이 시간을 통해 저는 어머니를 용서하게 되었고, 어머니를 있는 그대로 받아들이게 되었습니다. 그러고 나니 한결 자유로워졌습니다. 그 후로 저는 어머니를 자주 찾아뵈었고, 평온한 마음으로 어머니를 만날 수 있었습니다. (아들린)

용서의 중요성

유년 시절이나 청소년 시절에 받았던 충격적인 말이나 사건이 어른이 된 지금도 우리 기억 속에 남아 있을 수 있습니다. 아버지가 너무 엄하셨거나 혹은 계시지 않았기 때문에, 또는 어머니가 너무 권위적이서서 아픔을 겪었을 수도 있습니다. 혹은 몇 세대에 걸쳐 내려오는 완고한 가정 분위기 때문에 자기도 모르게 주눅 들었거나 암묵적인 의무와 기대에 응하기 위해 스스로를 옭아맸을 수도 있습니다. 그러한 기억이 아직까지 남아 있다면 반드시 털어 내고 용서해야 합니다.

우리 집안에서 남자는 공부를 하고 직장에 다니지만, 여자는 결혼해서 아이를 돌봐야 하기 때문에 공부할 필요가 없다고 말하곤 했습니다. 이것이 우리 집안사람들이 암묵적으로 지켜야 하는 규범이었습니다. 또 부모님이 연로해지시면 부양해야 하는 것도 여자들의 몫이었습니다. 우리 집안에서

3장 진실하게 사랑하기

는 장녀인 제가 이런 역할을 하는 것이 당연한 일로 여겨졌고, 반드시 해야만 하는 일이라고 생각했습니다. (미리암)

가족을 위한 충실한 희생이 기억 속에 심한 상처로 남아 가족들에게 원한과 앙심을 품게 되고 종종 부모와 자식 관계를 방해하기도 합니다. 그런 경우에는 오직 용서만이 우리 마음을 짓누르고 있는 상처의 무게로부터 자유롭게 해 줄 수 있습니다. 과거의 상처를 용서하는 것은 암묵적인 규범에서 벗어나 정체성을 되찾게 해 주며, 더 나아가 잘못된 규범을 고칠 힘을 줍니다.

• 용서의 첫 번째 단계는 상처로 인해 일어났던 모든 일뿐만 아니라 자신이 감내해야 했던 상처가 무엇인지 올바르게 바라보는 것입니다.

오래된 상처들은 다양한 상황에서 새롭게 드러날 수 있습니다. 어떤 사건을 통해 다시 떠오르는 기억이나 기도하다 생겨나는 분심으로 인해, 가까운 친구들이 한 말을 통해 깨어날 수도 있습니다. 혹은 어린 시절에 겪었던 트라우마를 분명하게 알려 주려고 우리를 뒤흔드시는 하느님의 말씀을 통해서 깨어날 수도 있습니다.

- 두 번째 단계는 가능하면 죄를 짓는다는 마음을 갖지 않고, 참아왔던 감정들과 직접 대면하는 것입니다. 즉 슬픔, 분노, 반항심, 원한, 죄의식, 두려움, 불안과 같은 감정들과 마주하는 것입니다. 이를 위해서는 누군가에게 자신의 감정을 터놓고 이야기해야 합니다. 배우자나 심리학자, 사제와 이야기를 나누는 것도 좋습니다.

- 세 번째 단계는 자유로움을 얻기 위해서 부모님과 멀어져 보는 것입니다. 부모님이 살아 계시는 동안 항상 착하게 행동할 수만은 없습니다. 더욱이 부모님으로부터 어떤 사과나 보상을 받는다는 것이 불가능할 수도 있습니다.

이 단계가 어쩌면 몇 달 또는 몇 년 동안 겪어 온 모든 과정의 결말이 될 수도 있습니다. 일반적으로 용서는 우리 마음 안에서 이루어지는 것입니다. 따라서 우리가 마음의 평화를 찾게 된다면 진정한 연민의 마음을 가지고 부모님과 함께 지내는 데 자유로워질 수 있을 것입니다.

저와 아내는 올해 마흔 살로 네 명의 자녀를 두었고 둘 다 직장에 다닙니다. 저희는 매사에 절제하며 검소하고 평범한 삶을 살아왔고, 부모님과도 가깝게 지냈습니다. 하지만 아버지와 어머니는 이미 오래전부터 심한 불화를 겪으셨기에 서로 불편한 관계입니다.

올해 1월에 어머니가 중병에 걸리셔서 힘닿는 데까지 병간호를 했지만 발병 후 두 달 만에 돌아가셨습니다. 이때가 저희에게는 무척 힘든 시기였습니다. 그래서 주님께 "제 곤경의 날에 당신 얼굴을 제게서 감추지 마소서."라는 시편 102편의 기도를 바치곤 했습니다.

어머니가 돌아가신 지 한 달이 채 지나기 전에 연세가 여든이 넘으신 아버지가 오래전부터 알고 지내던 젊은 여자와 결혼하겠다고 통보하셨습니다. 당신의 여생을 그 여자와 새롭게 시작하겠다는 것이었습니다. 물론 저희와 아무런 상의도 하지 않은 일이었습니다.

저에게는 동생이 한 명 있습니다. 아버지는 냉정하고 올곧은 분이셨는데, 두 살 때 할아버지가 돌아가셔서 힘들고 어렵게 자라셨다고 들었습니다. 물려받은 것이 하나도 없으신 아버지는 우리에게도 공부만 시켜 줄 테니 스스로 알아서 살라고 말씀하시곤 했습니다. 그래서인지 저에게는 자상한 아버지에 대한 기억이 전혀 없습니다.

외가에서 받은 어머니의 유산이 조금 있었지만, 아버지는 대부분을 당신 자신을 위해 쓰셨고 우리에게는 아주 조금만 나눠주셨습니다. 이때만 해도 아버지가 아직까지는 저희를 사랑하는 마음을 가지고 계신 너그러운 분이라고 생각했습니다. 그러나 아버지는 우리의 의견을 조금도 듣지 않고 혼자 결정하셨고, 늘 우리 의견과 반대되는 결정을 내리셨습니다. 그래도 저는 존경하는 마음으로 아버지와 공손하게 대화하려고 노력했습니다. 그러나 소용이 없었습니다. 아버지는 언제나 이렇게 말씀하셨습니다.

"됐어, 그만해!"

어머니의 유산을 아버지가 모두 가지시는 것이 원칙적으로 틀린 것은 아니지만 아버지는 늘 당신만 생각하셨습니다. 이 때문에 저와 동생은 큰 상처를 받았습니다. 그래도 저는 자식의 도리를 다하기 위해 아버지를 신뢰했고 정기적으로 아버지를 찾아뵈었습니다. 그렇지만 재산에 관한 이야기만 나오면 아버지는 냉혹하고 완강한 태도로 일관하셨고, 이로 인해 그나마 남아 있던 아버지에 대한 애정마저 모두 사라졌습니다.

저는 아버지와 이야기를 나누고 아버지가 경험하신 것들을 듣고 아버지와 함께 미래를 준비하고 싶었습니다. 그렇지만 아버지는 모든 가능성을 거부하셨을 뿐 아니라 서로에게 필요한 정보도 전혀 공유하지 않으셨습니다. 사람들은 아버지가 친절하고 점잖은 분이라고들 했지만, 저에게 아버지는 그저 자식들에게 무관심한 분이었습니다. 그 당시 저는 아버지의 태도가 위선적이라고 생각했고 마치 큰 벽 앞에 서 있는 것처럼 답답했습니다.

이런 마음을 극복해 보려고 창세기에 나오는, 집안의 가장이 자녀들에게 축복을 빌어 주는 아름다운 이야기를 읽고 묵상했습니다. 그러는 동안 아내가 저를 많이 도와주었습니다. 저는 주님께서 제 마음에 내려오시기를 청했습니다. 그럼에도 불구하고 제 마음 안에는 불만이 더 커지고 쓸데없는 화가 생겨나 적개심이 뿌리 깊이 파고들었습니다. 그러다 문득 제가 이렇게 살면 나중에 크게 후회를 할 것 같았습니다. 그래서 여기서 멈춰야겠다고 생각했습니다. 그때 집회서의 말씀이 떠올랐습니다.

"아버지를 공경하는 이는 죄를 용서받는다. … 아버지를 공경하는 이는 자녀들에게서 기쁨을 얻고 그가 기도하는 날 받아들여진다."(집회 3,3-5)

저는 고해성사 보는 것을 힘들어했던 사람입니다. 그런데 그때 문득 고해성사를 봐야겠다는 생각이 들었습니다. 고해소에 들어가 이 상황을 모두 주님께 맡겼습니다. 그러고 나니 제 불만을 더 이상 당연하게 여기지 않겠다는 마음이 일었고, 불만이 생기려 할 때마다 성모송을 외우는 것으로 그러한 마음이 애초에 자라지 않도록 해야겠다고 결심하게 됐습니다.

그 과정에서 모든 해답이 제 안에 있고 예수님과의 만남 속에 있다는 것을 깨달았습니다. 제 안에 문제를 해결할 자비로운 마음이 이미 있으며, 주님께서 저에게 자비로운 마음을 풍성히 내려 주시려고 한다는 것을 알았습니다. 저의 분석적이고 이성적인 사고가 이러한 믿음이 자라나는 것을 가로막고 있었던 것뿐입니다. 저는 그동안 세상 사람들의 처신과 셈법이 올바르고 합리적이라고 여겨 제 생각을 바꾸려 하지 않았던 것입니다. 그러나 고해성사 이후, 조금 더 일찍 이타적인 사랑에 마음을 열었어야 했다는 것을 깨달았습니다.

저는 깨달은 것을 여러 번 곱씹으며 제 삶의 진정한 목표에 집중했습니다. 그러자 아버지와 함께했던 행복한 기억들이 떠올랐습니다. 아버지는 우표 수집에 흥미를 보이던 저에게 우표를 선물해 주셨고, 우리는 가끔 긴 대화를 나누기도 했습니다. 그리고 아버지가 충실하게 직장 생활을 하신 이유는 순전히 자식들 때문이었습니다. 심지어 직장이 집에서 멀어지는 것을 감수하시면서까지 우리가 학교에 편히 다닐 수 있도록 이사를 하셨지요. 어머니와는 사이가 좋지 않으셨지만 우리가 성장하는 동안 가족이 흩어지지 않고 살 수 있도록 어느 정도 타협을 하셨던 것입니다. 저는 그 모든 점에 대해서 아버지에게 감사를 드리고 싶었습니다.

또 주님께서는 인간적인 관점에서만 생각했던 저를 변화시켜 주셨습니다. 주님께서는 만일 아버지가 이렇게 자신을 희생하지 않았다면 우리에게 재산이 하나도 남아 있지 않았을 테니, 지금 제가 유산 문제로 힘들어 하지도 않았을 것이라는 사실을 깨워 주셨습니다. 그즈음에 저는 "그의 어설픈 꾀 뒤에는 애정이 숨어 있었다는 것을 알아차려야 했는데."라는 생텍쥐페리의 놀라운 문장 하나를 발견하게 되었습니다. 이 문장이 제 마음에 너무나도 와닿았습니다.

저는 진심으로 아버지를 용서할 수 있게 되었습니다. 물론 아버지는 저에게 그런 용서를 절대 청하지 않으셨지만 말입니다. 이렇게 아버지를 용서하고 나니 제 마음이 너무나 자유로워졌습니다. 또 용서는 고해성사를 통해 원한에서 벗어나 하느님께 나아가는 일이라는 것과 새로운 마음으로 새 출발을 하기 위해서는 반드시 용서가 필요하다는 사실을 깨달았습니다.

지금은 아버지의 아들이라는 것이 자랑스럽고 아버지 산소 앞에서 비로소 눈물을 흘릴 수 있게 됐습니다. 저는 아버지의 삶에 관한 자료뿐만 아니라 친가, 외가의 조부모님에 관한 자료도 모으고 있습니다. 이분들은 소화 데레사 성녀의 부모님인 루이 마르탱, 젤리 마르탱이 살았던 때와 비슷한 사회적 상황을 겪으셨고, 소화 데레사 성녀와 같은 시대에 사셨습니다. 조부모님을 기리며, 새로이 시성된 소화 데레사 성녀의 부모님에게 제 가족 모두를 맡깁니다. (도미니크)

저에게는 오빠 셋이 있습니다. 어릴 적에는 저 역시 아버지를 무척 사랑하는 귀여운 소녀였습니다. 그런데 제가 열여섯 살 때 부모님이 이혼을 하셨습니다.

우리 가족은 광부인 아버지의 아파트에서 함께 살았습니

다. 아버지는 신자가 아니셨는데, 안전을 이유로 어머니와 우리를 집 밖으로 나가지 못하게 하셨습니다. 어머니는 이혼하려고 용기를 내셨지만 현실적으로 일자리를 구하기가 어려웠습니다. 그런 어머니를 모질게 대하는 아버지 때문에 제 어린 시절은 엉망진창이 되었습니다.

어느 날 자전거를 타고 가다가 아버지를 만났습니다. 그런데 갑자기 저에게 폭언을 퍼부으시는 것이었습니다. 저는 그런 아버지가 너무 낯설었고 더 이상 제가 사랑하는 아버지는 이 세상에 없다고 느꼈습니다. 그 후로는 아버지와 단절한 채 살아왔습니다.

그로부터 30년이 지나 친구들과 루르드 성지 순례를 갔을 때의 일입니다. 루르드 성모 동굴 앞에서 기도를 드리는데, 성모 마리아께서 제 마음을 꿰뚫어 보시는 것 같은 영석 체험 속에서 큰 평화를 느꼈습니다. 성지를 떠나기 전날 저녁에 다시 기도를 드리러 동굴로 갔는데, 거기서 어린 소녀가 아버지 주위를 맴돌며 노래하고 춤추는 모습을 보았습니다. 그때 문득 저와 아버지의 모습이 떠올랐고 머리를 한 대 얻어맞은 듯한 충격을 받았습니다. 저는 하늘에 계신 성모님께 기도를 드리며 아버지가 저와 어머니에게 했던 잘못들을 용서했습니다. 그러자 마음이 한결 가벼워졌고 성모님께서 저에게 베푸신 사랑에 감사할 수 있었습니다.

다음 날 기차를 타고 파리에 도착하니 오빠에게 전화가 왔습니다. 아버지가 전날 밤 선종하셨다는 소식이었습니다. 저는 하늘을 바라보며 아버지를 용서할 수 있도록 해 주신 하느님께 감사를 드렸습니다. (테레즈)

형제자매 사이의 질투

부모님이 연로해지시면 더 충동적으로 감정을 드러내십니다. 특별히 형제자매 가운데 누군가를 더 좋아하는 감정이나 편애하는 마음을 드러내시는 경우도 있습니다. 이로 인해 과거에 형제자매 사이에 존재했던 질투가 지금 다시 드러날 수도 있습니다.

오빠는 국경일과 같은 특별한 날에만 어머니를 뵈러 오는데, 그때마다 어머니는 오빠에게 가장 좋은 것을 내어 주십니다. 저는 일주일에 꼭 한 번씩 어머니를 찾아뵙지만 제가 듣는 것이라고는 어머니의 끊임없는 푸념과 불만뿐입니다.
(프랑수아즈)

때론 부모님을 얼마나 정성스레 보살폈는지를 따지는 것으로 질투가 표출되기도 합니다. 예를 들어 부모님과 가까이 산다는 이유로 부모님을 돌보는 사람은 멀리 사는 다른 형제자매를 비난하기도 합니다. 자신이 최선을 다하고 있음에도 불구하고 이런 상황이 몹시 불공평하다고 여길 수 있습니다.

이와는 반대로 부모님을 잘 부양해야 한다는 걱정 때문에 형제자매 사이에 이전보다 좋은 관계가 새롭게 형성되기도 합니다.

우리 형제자매는 가족들끼리 주말을 보내기 위한 준비를

하거나 이런저런 일을 의논하기 위해 자주 만났습니다. 그때마다 좋은 식당에 가서 맛있는 음식을 먹으며 이야기를 나누었습니다. 이런 만남이 함께 살아가고 있음을 느끼게 해 주어 형제자매 간의 관계가 더 끈끈해진 것 같습니다. (안느)

부모님과의 관계, 하느님과의 관계

"아버지나 어머니를 나보다 더 사랑하는 사람은
나에게 합당하지 않다."

― 마태 10,37

부모님이 우리를 사랑으로 가르치셨듯이 우리도 부모님을 있는 그대로 받아들여야 합니다. 이러한 사실을 받아들일 때 온전한 성인으로 살아가면서 성장할 수 있고 거룩함의 여정으로 나아갈 수 있습니다.

때로는 부모님과의 관계가 아버지이신 하느님이나 어머니이신 성모님과의 관계에 직접적으로 영향을 미칠 수도 있습니다. 예를 들어 권위적인 아버지 밑에서 자란 경우 하느님을 심판하고 벌주는 신의 형상으로 인식하여 하느님에 대해 두려움을 느끼기도 합니다. 그런 사람은 아버지이신 하느님이 자애로운 분이라는 사실을 믿기가 어렵습니다. 또한 예수님과 인격적인 관계를 회복하고 신뢰와 사랑의 관계를 형성하는 진실한 기도를 바치는 데 상당한 시간이 걸릴 수 있습니다.

또 소유욕이 강하고 훈계하기를 좋아하는 어머니 밑에서 자란 자녀는 성모님의 자애와 온유가 무엇인지 깨닫지 못할 수도 있습니다.

저는 권위적인 어머니 때문에 성모님을 별로 좋아하지 않았습니다. 그래서 사람들이 성모님의 성품에 대해 칭송할 때도 저는 별다른 감동을 받지 못했습니다.

그러다 제가 원하던 직책에서 배제된 적이 있었는데, 이때가 저에게는 참으로 견디기 힘든 시기였습니다. 이 시기에 루르드 성지 순례를 가게 되었는데, 동굴 앞에서 기도할 때

비로소 성모님의 온화한 마음을 체험할 수 있었습니다. 성모님은 저를 위로해 주시고 계속해서 앞으로 나아갈 수 있는 힘을 주셨습니다. 그 이후로 성모님은 제 삶의 일부가 되었고, 성모님 덕분에 어머니를 바라보는 제 시선도 변화하게 되었습니다. (장)

물론 하느님과의 관계는 부모님과의 관계보다 우선합니다. 이는 부모님을 멀리하거나 영적 생활을 위해 부모님을 배척하라는 의미가 아닙니다. 오히려 부모님을 더 잘 보살펴 드리기 위해 기도와 성사 생활을 우선시해야 한다는 말입니다.

진정한 변화를 도와주는 신앙생활

하느님은 우리가 어떤 상황에 처해 있는지 아십니다. 또 연로하신 부모님을 우리가 도와드려야 한다는 것도 잘 알고 계십니다. 우리 삶 속에 함께 계신 하느님은 교회를 통해서 강력하고 효과적인 방법들을 알려 주십니다. 이를 통해 하느님께서는 부모님을 대하는 합당한 자세가 어떤 것인지, 그리고 부모님에 대한 참된 연민이 무엇인지를 우리가 깨닫도록 해 주십니다. 이 방법이 바로 성사입니다.

예수님께서는 성체성사로 우리를 조금씩 변화시키십니다. 당신의 온유하고 겸손한 마음을 전해 주시어 우리에게 이웃을 사랑하라고 가르치십니다.

또 고해성사는 화해와 용서 안에서 자비를 경험할 수 있는 아주 유용한 성사입니다. 프란치스코 교황은 "우리는 고해성사를 통해, 당신의 새로운 자녀가 되는 은총을 주려고 찾아오신 아버지께서 우리를 안아 주시는 것을 느낄 수 있습니다. 우리는 죄인입니다. 또한 우리는 고해성사를 통해 우리가 하고 싶어 하는 것과 실제로 해야 하는 것 사이에 존재하는 모순의 무게를 짊어져야 합니다(로마 7,14-21 참조). 그러나 은총은 언제나 우리를 능가하며, 화해와 용서 안에서 그 효과를 드러내는 자비의

얼굴을 하고 있습니다."[1] 라고 설명하고 있습니다.

> 여러 해 전부터 시어머니를 저희 집에 모시고 있습니다. 시어머니와 함께 살면서 제가 느낀 것은 사랑과 온유, 인내 안에서 성장하려면 예수님이 필요하다는 것입니다. 저의 성급함과 선입견 그리고 신경질적인 성격 때문에 시어머니와 함께 사는 동안 얼마나 많은 고해성사를 보러 갔는지 모릅니다. 죄를 용서받을 때마다 제 안에 기쁨이 가득 차올랐고 저의 모든 인간관계가 변화되었습니다. (아니)

실제로 우리는 이미 어른이 되었음에도 여전히 무의식적으로 부모님에게 인정받고 싶어 합니다. 만일 부모님에게 제대로 인정받지 못하거나 부모님이 전혀 인정해 주지 않으시면 우리는 상당히 실망하게 될 것입니다. 예수님 안에 현존하시는 성부의 자비로운 시선만이 이러한 무의식적인 기대감에서 우리를 해방시킬 수 있습

---

[1] 프란치스코 교황, 〈사도 서한〉, 2016.

니다. 이를 위해 하느님께서는 우리가 가야 할 여정 위에 여러 증인들을 미리 마련해 두셨습니다.

한편 부모님과의 관계에서 받은 상처는 다른 신자들과의 친밀한 만남을 통해서 치유되기도 합니다.

> 저는 신자인 친구와 함께 기도 모임을 주관했는데 몇 달이 지나고 나니 그 친구가 친자매처럼 느껴졌습니다. 저를 함부로 판단하지 않는 그 친구를 믿고 의지할 수 있었습니다. 그 친구도 점점 저를 신뢰하였고 저의 달란트를 알아봐 주었습니다. (오드)

신뢰할 수 있는 사람이 기꺼이 동반해 준다면 부모님과의 잘못된 관계에서 자유로워질 수 있으며 지금까시 부모님과 맺은 것과 전혀 다른 관계를 맺으며 살아갈 수 있습니다. 이를 체험할 수 있는 좋은 방법이 바로 피정입니다. 피정에 함께하는 동반자가 우리 자신의 진정한 정체성과 자유를 새롭게 발견하도록 도와줄 것입니다.

피정을 하면서 저와 동반했던 자매님에게 어머니와의 관계를 모두 털어놓을 수 있었습니다. 어릴 적에 어머니는 강한 소유욕과 권위적인 모습을 보이셨습니다. 제가 어머니의 기대에 미치지 못하거나 복종하지 않으면 죄의식을 느낄 정도로 질책하셨습니다. 저는 어머니의 사랑을 받고 싶어서 잘못했다고 계속 빌어야만 했습니다. 그래서 저는 어머니의 품에서 벗어나고 싶었고, 진정한 저의 정체성을 찾고 싶어서 빨리 어른이 되기를 얼마나 학수고대했는지 모릅니다. 피정을 함께하는 동안 그 자매님이 마치 제 어머니처럼 느껴졌습니다. 그녀는 저를 함부로 판단하지 않았기에 큰 해방감을 느끼며 피정을 마칠 수 있었습니다. (안느)

4장

어떻게 부모님을
공경해야 하는가?

어떤 사람은 어린 시절 부모님에게 받은 상처가 있을 수 있습니다. 또 부모님과의 관계가 좋지 않아 고민하는 사람도 있을 것입니다. 그러나 이런 문제와는 별개로 부모님을 공경해야 한다는 사실은 변하지 않습니다. 이것은 무슨 의미일까요?

성경에 기록된 계명

프랑스에서는 부모님을 부양하는 것이 법에 명시적으로 기록된 국민의 의무입니다. 프랑스 헌법 제205조에는 이렇게 기록되어 있습니다.

"자녀는 부친과 모친 또는 곤궁한 다른 선조들에게 생활 부양료를 제공할 의무가 있다."

이러한 법 조항을 거론하지 않더라도 부모님을 부양하는 의무는 오랜 전통에서 찾을 수 있습니다. 성경 역시 모세오경에 이러한 의무에 대해 언급하고 있습니다.

"아버지와 어머니를 공경하여라.

그러면 너는 주 너의 하느님이 너에게 주는 땅에서

오래 살 것이다."

— 탈출 20,12

이 성경 구절은 이웃과 관련된 첫 번째 계명입니다. 또 "하늘과 땅에 있는 모든 종족이 아버지에게서 이름을 받습니다."(에페 3,15)라고 기록되어 있듯이 하느님께서는 모든 부성애의 원천이십니다. 그러므로 인간적 부성애와 모성애는 하느님의 부성애와 밀접한 관련이 있습니다. 하느님은 우리에게 생명을 주고 길러 준 부모님을 우리가 공경하기를 바라십니다. 다시 말해 이 관계는 하느님께 마음을 열고 그분 안에 머물라는 부르심이라고 할 수 있습니다.

"이 계명을 존중함으로써 영적인 열매 외에 평화와 번영이라는 현세적인 열매도 보장받게 된다. 이와는 반대로, 이 계명을 지키지 않을 때에는 공동체와 개인들에게 큰 손해를 끼치게 된다."

— 《가톨릭 교회 교리서》, 2200항

'공경하다'라는 단어의 의미를 다시 살펴보는 것이 좋겠습니다. 우리는 이 단어를 너무 성급하게 '떠받들다'라는 의미로 자주 이해합니다. 그러나 히브리어에서는 '살을 내어 주다'가 첫 번째 의미로 사용됩니다. 희랍어에서는 '가격이나 가치를 매기다'로 사용되며 '내면 깊은 곳에서부터 존경하다'라는 의미가 있습니다. 여기에는 부모님이 우리에게 전해 주신 것이 좋은 것이든 나쁜 것이든 올바른 시각으로 식별해야 한다는 의미가 담겨 있습니다.

사실 우리는 부모님을 위해 많은 시간을 할애하고 도

움을 드리고 보살펴 드리는 것 이상으로 더 많은 것을 받고 있습니다. 자신을 내어놓는 희생과 봉사를 통해 더 많이 배우고 성장하기 때문입니다.

'부모님을 공경하라'는 말은 진심 어린 태도와 행동을 요구하는 말이기도 합니다. 복음은 우리가 부모님과 맺어 온 관계에 따라 어려울 수도 혹은 쉬울 수도 있는 길을 제시하고 있습니다. 이 길은 우리가 받은 상처를 통해 부모님을 사랑해야 한다는 것을 알려 줍니다.

비록 자신이 버려졌다고 느끼고, 이전에 아버지나 어머니와 관계가 좋지 않았거나, 부모님을 용서하는 것이 힘들더라도 아버지와 어머니를 공경해야 합니다. 대부분의 가족이 직면한 상황을 보면 부모님이 특별히 나쁜 분들이었던 것이 아니고, 우리가 받은 상처의 대부분도 그분들이 일부러 주신 것이 아니었습니다. 왜냐하면 부모님 역시 그분들의 부모님으로부터 상처를 받았기 때문입니다.

우리는 이 같은 상황을 이해하고 부모님을 용서해야

합니다. 그래야 부모님을 사랑하고 존경하는 새로운 길로 나아갈 수 있습니다. 하느님이 우리를 조건 없이 사랑하셨 듯, 우리도 부모님에게 조건 없는 사랑을 드려야 합니다.

부모님이 연로해지실수록 부모님을 '공경한다'는 것은 우리에게 주어진 책무이자 마음에서 우러나오는 행동과 자세여야 합니다. 부모님이 필요로 하는 정신적·물질적 도움을 드리는 것이 우리가 해야 할 몫입니다.

"아버지를 공경하는 이는 죄를 용서받는다.
제 어머니를 영광스럽게 하는 이는 보물을 쌓는 이와 같다.
아버지를 공경하는 이는 자녀들에게서 기쁨을 얻고
그가 기도하는 날 받아들여진다.
아버지를 영광스럽게 하는 이는 장수하고
주님의 말씀에 귀 기울이는 이는 제 어머니를 편안하게 한다."

— 집회 3,3-6

우리는 다양한 방법으로 부모님을 공경할 수 있습니다. 과거에는 부모님이 우리에게 많은 것을 주셨지만, 이제는 우리가 받은 것을 나이 드신 부모님에게 돌려드려야 할 때입니다.

> 어머니는 92세이십니다. 우리 가족은 너무나 늦게 어머니가 알츠하이머에 걸리셨다는 사실을 알아차렸습니다. 어머니는 치료용 패치를 붙이면 움직임이 조금 둔해지시긴 하지만 집 안에서 어느 정도 거동이 가능하십니다.
>
> 어머니는 당신의 관심사 중에 주로 감정에 관련된 것만 기억하십니다. 아쉽게도 당신 자녀와 손자들에 대해서는 거의 기억하지 못하십니다. 저희가 온 것도 모르고 방금 전에 드신 음식도 기억하지 못하십니다. 가끔은 식사를 하셨다는 사실조차 잊어버리십니다. 그런데도 제 기분 상태가 좋은지 그렇지 않은지는 분명하게 알아차리십니다.
>
> 어머니는 과체중 때문에 고통을 받으셨습니다. 그런데 다행히 과체중 덕에 큰 사고를 면한 적이 있습니다. 어머니가

크게 넘어지신 적이 있었는데, 과체중 덕에 충격을 덜 받아 한 군데도 부러지지 않은 것입니다. 어머니가 넘어지시고 몇 시간이 지나서야 소방관들이 도착했습니다. 그들이 어머니에게 괜찮으시냐고 물었을 때 이렇게 대답하셨습니다.

"자, 보세요. 하나도 다치지 않았어요. 저는 괜찮답니다."

어머니는 알츠하이머에 시달리면서도 어떤 불평도 하지 않으셨습니다. 신앙도 잃지 않으셨고, 사람들에게 친절했으며 매사에 긍정적이셨습니다. 어머니가 하셨던 유일한 불평은 사랑하는 남편을 다시는 볼 수 없다는 것뿐이었습니다.

어머니가 연로하셔서 일상생활에 어려움이 있고, 무엇보다 그런 어머니를 어떻게 도와드려야 할지 당황스러울 때도 있지만 어머니가 우리와 함께 계시다는 것이 우리 가족에게는 행복한 일입니다.

어머니는 다른 사람의 말을 잘 들어 주시는 분인데, 저에게 항상 아름다운 미소를 지으며 이렇게 말씀하십니다.

"얘야, 감사할 일이 너무 많구나."

무엇보다 어머니 덕분에 요즘 웃을 일이 많아졌습니다.

때로 어머니는 짓궂은 표정으로 이렇게 말씀하십니다.

"얘야, 오늘은 내가 혼자 밥을 차려 먹었단다. 식사 시간에 아무도 없었거든."

그럴 때는 심장이 덜컥 내려앉기도 합니다. 하지만 음식 배달 장부에는 담당 직원이 다녀갔다는 서명이 되어 있었고 우리는 그저 웃을 수밖에 없었습니다. 어머니의 착한 마음을 알기 때문입니다. 한마디로 연로하신 어머니는 저에게 '유머와 사랑이 가득한 보물 상자'입니다. (베네딕트)

부모님과 함께 시간 보내기

부모님에게 공경을 표하는 것은 그리 어려운 일이 아닙니다. 부모님 말씀에 조금 더 주의를 기울이고 상냥하고 다정한 태도를 취하는 것만으로도 우리 마음을 표현할 수 있습니다. 물론 가족마다 문화가 다르고 세대에 따라 차이가 있겠지만 마음을 표현하는 데 주저하지 않는 것이 중요합니다.

특별히 할 말이 없더라도 부모님에게 전화를 걸어 가족들의 소식을 전하고, 오래 머물지 못하더라도 자주 찾아뵙는 것이 바람직합니다. 같은 지역에 살고 있다면 일주일에 하루 정도 찾아뵙고 함께 시간을 보내는 것도 좋습니다. 함께 장을 보고 카페에 앉아 차 한 잔 마시면서 담소를 나누거나 좋아하는 디저트를 나눠 먹고, 부모님이 좋아하시는 게임을 해도 재미있을 것입니다. 또 계절이 바뀌면 옷장 정리를 도와드리고, 평소 부모님이 어려워하시던 서류 작성을 해 드릴 수도 있습니다. 함께 공원을 산책하다가 잠시 벤치에서 쉬어도 좋고 새나 물고기에게 먹이를 주고 꽃에 물을 줄 수도 있습니다. 때로는 부모님의 불평불만을 들어 드릴 필요도 있습니다. 여행을 떠나게 된다면 여행지에서 부모님에게 엽서를 부쳐 보는 것은 어떨까요?

어머니는 게임을 좋아하십니다. 어머니를 찾아뵐 때마다 스크래블(단어 만들기 게임)과 루미큐브(숫자 조합 게임)를 하

는데, 어머니가 이기시면 너무 기뻐하십니다. (파비엔느)

저는 시부모님을 모시고 장을 보러 가곤 합니다. 아침 식사는 대체로 식당에 가서 하는데, 식사를 마치면 거의 오전 시간이 다 갑니다. 그렇지만 시부모님과 저에게는 이 시간이 참으로 소중합니다. 서로 이야기를 주고받으며 긴장감을 해소할 수 있거든요. (마리)

부모님의 나약함을 받아들이기

부모님도 상처를 받을 수 있는 한 사람의 인간이라는 것을 받아들여야 합니다. 우리는 예전보다 느려진 부모님의 삶의 리듬과 주춤하는 발걸음, 알아채기 힘든 몸짓들, 급속히 떨어진 청력, 같은 말을 무수히 반복하는 모습을 인내심을 가지고 받아들여야 합니다. 그러니 "똑같은 말을 벌써 몇 번째 반복하시는 거예요?"와 같은 말로 부모님에게 상처를 드리지 않도록 주의하십시오.

"그가 지각을 잃더라도 인내심을 가지고

그를 업신여기지 않도록 네 힘을 다하여라."

— 집회 3,13

"노인들은 지난 일을 생각하고 그것에 대해 얘기할 수 있어야 한다. 노인들은 자기들의 이야기를 들어 줄 사람이 필요하다. 퍼즐에서 빠진 한 조각을 찾아 맞추듯 자신의 삶에 대해서 질문할 수 있도록 도움을 주어야 한다. 단순히 이야기를 들어 주는 것만으로도 그들에게는 큰 도움이 된다.

13개월 된 아기가 걸음마를 배울 때 우리는 칭찬을 아끼지 않는다. 이런 격려는 삶을 재조명하는 노인들에게도 필요하다. 듣고 격려해 주는 것이 별것 아닌 것 같지만 그것을 과소평가해서는 안 된다. 추억 이야기를 들어 주는 것은 부모들에게는 대단한 것이다. 그렇게 함으로써 부모를 더 잘 이해하고 부모 자녀 사이의 유대를 더 굳건히 할 수 있다."[2]

---

2 진 제로멜, 《노년의 부모를 어떻게 보살필 것인가》, 가톨릭출판사, 2004.

지혜의 샘이신 부모님

부모님이 연로해지셔도 잊지 말아야 할 것이 있습니다. 바로 부모님이 여전히 우리에게 주실 것이 많다는 사실입니다. 부모님은 우리보다 풍부한 인생 경험을 가지고 모진 시련을 헤쳐 나오셨습니다. 그러므로 사회에 보편적으로 알려지지 않은 특별한 지혜를 전해 주실 수 있습니다. 우리는 부모님으로부터 지혜를 얻어야 하며, 부모님이 주신 지혜와 앞으로 전해 주실 지혜가 무엇인지 알아차리고 받아들일 수 있는 자세를 가져야 합니다.

"내 아들아, 아버지의 교훈을 들어라.
어머니의 가르침을 저버리지 마라."

— 잠언 1,8

연륜에서 우러나온 부모님의 지혜가 가족이 함께 나눌 유산을 살찌우고 풍요롭게 합니다. 그러니 주저하지 말고 부모님에게 살아오신 이야기를 들려 달라고 부탁하십시오. 부모님의 기억이 바로 우리의 뿌리입니다.

저는 매주 화요일마다 아버지를 찾아갑니다. 별다른 이야깃거리가 없더라도 가족, 친지들과 찍은 사진들을 함께 보면서 시간을 보내자고 아버지에게 제안했거든요.

아버지와 함께 낡고 오래된 앨범 속 사진들을 모두 꺼내서 보았습니다. 그 사진들에 특별한 추억이 있는 아버지는 신이 나셔서 열정적으로 과거 우리 집안의 역사를 상세하게 말씀해 주셨습니다. 동생이 마침 우리 어릴 적 모습이 담긴 오래된 필름을 디지털 사진으로 복원해 주어서 가족 모두 그 사진들을 보면서 행복하고 감동적인 시간을 보냈습니다.

이 과정에서 우리 집안의 역사에 대해 함께 이야기할 수 있었고, 선조들이 겪었던 영화 같은 삶을 통해 전쟁과 질병, 죽음에 대해 생각해 볼 수 있었습니다. 또 우리 집안이 귀중하게 간직해 온 사랑과 신앙의 가치가 선조들이 강인한 삶을 살아오면서 물려준 것임을 알 수 있었습니다. 이 사실에 우리

형제자매는 감동을 받았고 조상님들에게 감사할 수 있었습니다. (마들렌)

제가 제안 하나 하겠습니다. 부모님에게 예전 기억들을 글로 써 달라고 부탁해 보십시오. 부모님이 직접 글을 쓰시는 것이 어렵다면 부모님 말씀을 받아 적는 것도 좋습니다. 그리고 할아버지가 말씀해 주시는 옛날 기억들이나, 할머니가 지나오신 삶의 단편을 들어 볼 수도 있습니다. 이것은 후손들에게도 의미 있는 일입니다. 우리 집안에 어떤 분들이 계셨고 그분들이 얼마나 다채로운 삶을 사셨는지 육성으로 들을 수 있는 기회이기 때문입니다.

한편 부모님은 연세가 드실수록 허약해지시기 때문에 일상적인 일들과는 거리를 두시게 됩니다. 그러나 죽음 이후에 대해서는 오랜 연륜에서 나오는 평정심을 가지고 계시기도 합니다.

"다른 사람들에게는 감동을 준 여러 요소들이

그들에게는 별로 큰 감동으로 다가오지 않는 경우도 있다.

그들은 자신의 존재 깊은 곳에서,

이미 또 다른 세상을 만났다."[3]

― 안셀름 그륀

손주들에게 줄 수 있는 선물

예전에는 손주를 돌보는 것이 부모님이 누릴 수 있는 큰 행복이었지만 지금은 상황이 많이 달라졌습니다. 요즘은 부모와 멀리 떨어져 사는 경우가 많고, 부모와 자녀 사이가 어떠냐에 따라 개인차가 많이 나는 것이 현실입니다.

오늘날에는 조부모들이 손주들을 돌보는 경우가 많습니다. 학교로 손주들을 데리러 가기도 하고 특정 요일을 정해 손주들을 도맡아 돌보기도 합니다. 조부모가 부

---

[3] Anselm Grün, *L'Art de bien vieillir*, *Albin Michel*, 2008.

모의 역할을 온전히 대신하는 것이 아니라 적절한 선을 지킬 수 있다면 방과 후에 조부모가 손주를 돌보는 것은 아이들을 보육하는 데 좋은 해결책이 될 것입니다. 그러나 부모님도 아직 당신들의 삶을 더 사셔야 한다는 사실을 잊어서는 안 됩니다. 그러므로 부모님을 너무 자주 부르는 것은 좋지 않으며, 부모님과 좀 더 균형 잡힌 관계를 유지하는 것이 바람직합니다.

부부가 이혼하거나 별거 중인 상황에서는 조부모가 손주들의 이야기를 들어주고 손주들의 안전과 안정을 책임지는 중요한 역할을 할 수도 있습니다. 물론 조부모가 이혼한 부부 사이에서 객관적인 자세를 유지해야 손주들에게 따스한 위로를 줄 수 있을 것입니다.

분명한 것은 우리 아이들과 조부모가 맺고 있는 인격적인 관계를 받아들이고 이를 특별하게 여겨야 한다는 것입니다. 어떤 경우에는 조부모와 손주들의 관계가 너무 친밀해서 아이들이 부모를 만나려고 하지 않는 경우도 있습니다. 자녀들의 성향이 어떻든지 우리 아이들은 알게 모르게 조부모의 삶을 통해 배우는 것들이 많이 있습니다.

> 우리 아들은 지금 연출가 일을 하고 있는데, 예전에 할아버지가 아이를 데리고 여행을 참 많이 다니셨어요. 그래서인지 아이가 할아버지의 영향을 많이 받았습니다. 아이가 어렸을 때 할아버지와 함께 배를 타고 여행을 간 적이 있는데, 그때 할아버지와 함께했던 많은 일을 아직도 기억하고 있어요. (안드레아)

그렇지만 조부모가 손주들과 멀리 떨어져 지내거나 만날 기회조차 없는 경우도 많습니다. 그래서 노인과 젊은이가 가까이 지낼 수 있도록 하는 여러 방안이 생겨나고 있습니다. 노인들은 젊은이, 대학생, 젊은 사업가에게 자신의 경험을 들려 줄 수 있습니다. 노인들은 젊은이들을 필요로 하고, 젊은이들도 노인들에게서 배울 것이 있습니다. 서로가 서로에게 필요한 존재인 것입니다.

"우리는 부모로부터 많은 것을 배울 수 있다. 매일 미사에 참석하는 어머니일 경우 아이들과 손자들에게 좋은 본보기가 될 수 있다. 어머니가 매일 밤 텔레비전을 끄고 묵주기도를 바칠 때 다른 사람들은 인생에서 정말 중요한 것이 무엇인가를 깨닫게 된다. 고통 중에 있는 부모가 그리스도의 사랑을 나눔으로써 다른 가족에게 진정한 용기가 무엇인지 깨닫게 해 줄 수 있다. 한 지붕 아래 사는 세 세대는 고통을 서로 나누어 질 수 있고 기쁨 안에서 신앙을 단단히 할 수 있으며 이는 하느님의 뜻을 구하는 중에 얻어진다."[4]

---

4 진 제로멜, 《노년의 부모를 어떻게 보살필 것인가》, 가톨릭출판사, 2004.

5장

자기 위치를
정확하게 알기

쉽게 지치지 않기 위해 알아 둘 것들

　부모님이 연로해지셔서 우리의 도움이 필요하게 되면 우리의 생활도 어느 정도 변화하게 되고, 때로는 근무 시간도 급작스럽게 바뀔 여지가 있다는 것을 알아야 합니다. 이 같은 현실은 내가 서 있을 자리가 어디인지를 파악하고 부모님과 적당한 거리를 유지할 줄 알아야 한다는 것을 의미합니다. 우리도 계속해서 일상을 살아가야 하기 때문에 우리 자신과 가족을 위한 시간, 그리고 때로는 여가 시간도 필요합니다. 그렇지 않으면 금방 지쳐 버리고 말 것입니다. 그러므로 각자 자신에게 맞는 삶의 리듬을 찾아야 합니다.

　다음은 이러한 현실에 현명하게 대처하는 데 도움이

되는 질문들입니다. 개인적 관점이나 부부의 관점에서 생각해 볼 수 있는 물음들이니 솔직하게 답해 보시기 바랍니다.

- 지금 부모님에게 필요한 것은 무엇인가? 단순히 방문하는 것, 물질적 도움, 이동할 때 모셔다 드리는 것, 가끔 도와드리는 것, 정기적인 방문, 주일에 혼자 계시지 않도록 하는 것, 손주들을 만나는 것 중에 어떤 것이 필요한가?
- 부모님에게 무엇을 해 드릴 수 있는가? 외부의 도움이나 전문적인 도움이 필요한가?
- 한 주 또는 한 달에 부모님을 위한 시간을 얼마나 할애할 수 있는가?
- 배우자나 자녀들에게 지장을 주지 않으면서 어느 정도의 시간을 부모님을 위해 할애할 수 있는가?
- 부모님에게 해 드릴 수 있는 것은 무엇이며, 도저히 할 수 없는 것은 무엇인가? 예를 들어 부모님을 모시고 집에서 식사를 하려고 마음먹었지만, 매주 그렇게 하는 것은

무리일 수 있다. 또는 부모님을 찾아뵐 수는 있지만 함께 식사를 하는 것은 어려울 수도 있다.
- 나는 부모님이 겉으로 표현하시거나 암묵적으로 보내시는 기대에 부응하고 있는가? 혹은 이러한 기대에 대해 나의 의견을 자유롭게 말할 수 있는가?

이러한 식별이 필요한 이유는 우리가 부모님에게 할애할 수 있는 시간이 어느 정도인지 파악하고 우선적으로 해야 할 일이 무엇인지를 새롭게 정해야 하기 때문입니다. 좀 더 정확하게 말해서 부모님은 점점 연로해지시고 우리는 그런 부모님을 부양해야 합니다. 부모님이 인생의 새로운 단계로 들어가시게 되면 우리가 처한 상황을 직시하여 근무 시간이나 여가 시간을 변경해야 하고, 주말이나 휴가 같은 일상적인 스케줄도 조정해야 합니다. 부모님을 돌보는 것 때문에 우리에게 맡겨진 일상적 책임을 소홀히 하게 될 수도 있습니다. 다시 말해 직장생활이나 배우자, 자녀들을 위해 일상적으로 반드시 해야만 하는 일들에 전보다 소홀해질 수 있다는 것을 알아야 합니다.

부모님은 오래전부터 노르망디에 사시고 저와 형제들은 부모님과 멀리 떨어져 살고 있습니다. 어머니의 건강이 악화되었지만 저는 파리에 살고 있어서 어머니에게 전화만 자주 드렸을 뿐입니다. 그러던 어느 날 제가 어머니를 돌보는 것이 좋겠다는 생각이 들었습니다. 일주일에 하루는 어머니와 함께 시간을 보내겠다고 결심한 것입니다. 그래야 아버지도 어머니를 혼자 간병한다는 느낌을 받지 않으실 테고, 무엇보다 당신이 좋아하시는 게임을 하면서 쉴 수 있는 시간을 낼 수 있을 테니까요.

여러 해 동안 저는 어머니와 함께 시간을 보내려고 노력했습니다. 부모님은 자주 평일 미사에 참석하셨기에 저는 아침에 부모님 댁으로 가서 함께 평일 미사에 참례하고 저녁에는 함께 식사를 했습니다. 저녁 식사를 마치면 아버지는 친구들을 만나러 가시곤 했습니다. 저는 대략 오후 7시경에 집으로 돌아왔습니다.

사실 매주 수요일마다 아침 두 시간, 저녁 두 시간을 내어 규칙적으로 부모님을 찾아뵙는다는 것은 무척 힘든 일이었습니다. 또 저를 잘 알아보지 못하시는 어머니와 이야기를 나누는 것도 쉬운 일이 아니었습니다. 그렇지만 아버지의 짐을 좀 덜어 드리고 어머니가 저를 알아보실 수 있도록 말 대신 행동으로 표현해 보려고 노력했습니다. 별 것 아니지만 어머니를 위해 무언가를 한다는 것이 무척 행복했습니다.

아름답고 지적이며, 중후하고 강하면서도 사랑스럽던 어머니가 지적 능력을 조금씩 상실해 가는 모습을 바라보는 것은 참으로 힘든 일이었습니다. 그래서 저는 어머니에게 최대한 다정다감하게 말하려고 했습니다. 이때가 제 인생에서 정말로 '어머니와 함께 있었던' 때였던 것 같습니다. (마들렌)

형제자매와 책임을 분담하기

형제자매가 있다면 서로의 역할에 대해서도 생각해

야 합니다. 너무 일찍부터 한 사람이 부모님을 부양하는 책임을 떠맡지 않도록 하는 것이 좋습니다.

결혼하지 않은 딸이 부모님을 돌아가실 때까지 모시는 경우도 있고, 부모님에 대한 사랑이 극진한 자녀가 부모님의 상황을 온전히 책임지기 위해 부모님 댁 근처로 이사를 하기도 합니다. 그러나 다른 형제자매들도 부모님을 위해 무언가 할 수 있도록 배려해 주어야 합니다. 부모님이 연로해지시면 형제자매들도 부모님을 대하는 마음가짐이 달라지기 때문입니다. 그러나 단순히 책임을 똑같이 배분하는 것은 바람직하지 않습니다.

부모님을 많이 도와드리는 자녀일수록 부모님에게 자신이 필요하다는 생각에 때로 지나칠 정도로 매달리는 경우가 있습니다. 이런 경우 모든 것을 혼자만 하려고 한다거나 다른 형제자매들이 부양할 기회마저 빼앗아 버리는 실수를 범할 수 있습니다. 그리고 모든 책임을 혼자서 짊어지고는 스스로를 희생 제물이라고 여기기도 합니다. 그러므로 어느 정도는 내려놓고 다른 형제자매들을 신뢰하며 함께해 나가는 것이 중요합니다. 형제자매 각자의 역량에 따라 부모님을 돌보는 일을 분담하는 것이 가능하기 때문입니다.

일반적으로 아들은 부모님 댁의 침대를 옮겨 드리거나 부모님이 좋아하시는 책과 잡지를 구해 오는 것과 같은 실천적인 부분을 잘합니다. 딸은 부모님이 편안하시도록 돌보고 집안을 꾸미거나 청소를 하는 것과 같이 비교적 감정적인 관계를 더 중요하게 여깁니다. 이는 상호 경쟁이 아니라 상호 보완되는 관계이며 각자가 할 수 있는 일을 하는 것입니다.

> 아버지가 기억을 잃어 가시면서 어머니는 점점 더 불안해하셨습니다. 그때 우리 오 남매는 부모님에게 우리 도움이 절실히 필요하다는 것을 깨달았습니다.
> 그래서 부모님이 돌아가실 때까지 부모님 말씀에 순명하며 당신들 댁에서 건강히 잘 지내시도록 보살펴 드리고 우리가 할 수 있는 것을 충실히 하자고 약속했습니다.

그 후로 우리는 정기적으로 만나서 부모님에게 필요한 부분을 함께 상의하고 필요한 결정들을 해 나갔습니다. 하느님의 도우심으로 지난 3년 동안 아버지를 함께 보살피면서 우리 남매는 모두 같은 지역에 살게 되었습니다. 덕분에 계획을 세우기 위해 만나는 것이 한결 수월해졌습니다. 부모님을 위해 두 명의 형제가 직장을 옮겼고, 저도 새로운 일을 하려고 은퇴를 했습니다. 우리는 평일과 주말, 그리고 휴가 기간 동안 서로 시간을 정해서 부모님을 찾아뵙기로 했습니다. 그리고 각자의 능력에 따라 관공서 업무도 나누었습니다.

시간이 지날수록 아버지가 혼자 하실 수 있는 일보다 누군가의 도움을 받아야 하는 일이 점점 더 많아졌고, 돌아가시기 전 몇 달 동안은 소파에만 누워 계셨습니다. 그래서 우리는 가사 도우미, 간호 보조사, 야간 간병인, 아버지와 말동무를 해 줄 분을 찾았습니다. 이렇게 부모님 주변에 새로운 사람들이 생겨나고 새로운 관계가 형성되기 시작했습니다. 아버지를 돌보고 어머니를 안전하게 지켜 줄 다정하고 세심한 분들이 생겨난 것입니다. 참으로 놀랍게도 이 모든 것은

우리 가족 모두가 노력한 결과였고, 이를 통해 우리 남매의 우애는 더 끈끈해졌습니다. (아니)

주변 사람들의 조언 구하기

부모님을 위한 각자의 역할을 식별하고 최선의 선택을 하기 위해서는 우리가 직면한 상황을 객관적으로 바라보도록 도와주는 제3자의 조언이 필요할 때도 있습니다. 부모님 중 한 분이 갑자기 병에 걸리시거나 병원에 입원하시게 되면, 우리는 불안한 마음에 지나치게 감정적으로 행동하거나 때로는 너무 성급하게 결정을 내리는 등 실수를 할 수 있기 때문입니다.

부모님을 집으로 모시는 결정을 해야 하는 경우도 여기에 해당합니다. 이런 경우 가족 구성원들과 논의할 시간도 물론 필요하지만, 이에 대한 식견이 높은 친구들이나 조언자들의 의견을 듣는 것도 중요합니다. 이럴 때는 최선의 결정을 내리도록 이끌어 주시길 하느님께 청해야 합니다.

시부모님은 노르망디 지역의 작은 마을에 사셨는데, 농장은 가까이 있지만 상점은 멀리 떨어져 있는 곳이었습니다. 시아버지가 선종하시고 나서 시어머니는 3년 동안 혼자 지내셨는데, 어느 날 다리 골절로 병원에 입원했다가 퇴원하시게 되었습니다. 그때 우리는 어머니의 거처에 대해 급하게 결정을 내려야 했는데, 처음에는 우리 집에 모시기로 했습니다. 우리 부부는 전에 이 문제에 대해 많은 이야기를 나누었고, 마침 아이들이 모두 독립해서 빈 방도 있었기 때문입니다.

그러나 우리는 친구들의 충고를 듣고 나서 시어머니가 가장 편하게 지내실 수 있는 방법을 고민하게 되었습니다. 그리고 고민 끝에 시어머니를 저희 집 대신 작은 아파트로 모셨습니다. 덕분에 시어머니는 편안히 지내셨고, 우리 부부도 종종 찾아뵙고 보살펴 드리며 시어머니와 좋은 관계를 유지할 수 있었습니다. (아니)

6장

부부의 위치 바로잡기

부모님에게서 독립하기

신명기에 "아버지와 어머니를 공경하여라."(신명 5,16)라는 말씀이 있습니다. 그리고 창세기에는 "남자는 아버지와 어머니를 떠나 아내와 결합하여, 둘이 한 몸이 된다."(창세 2,24)라는 말씀이 있습니다. 우리가 부모님을 공경하는 것은 당연한 일이지만, 결혼을 했다면 부모님을 부양하는 문제로 인해 부부 생활에 어려움이 생길 수 있습니다.

남자와 여자는 혼인성사를 통해 생애 처음으로 자신들만의 공동체를 이루게 됩니다. 이 말은 배우자와 부모님 사이에 갈등이 생긴다면 배우자를 먼저 생각하겠다는 전제가 깔려 있습니다.

부모님과의 관계 돌아보기

많은 부부가 결혼한 후에 부모님과 함께 주말을 보냅니다. 이것이 부부를 옭아매는 의무가 되기도 하고, 자녀들과의 관계를 잘 유지하는 동시에 부모님과의 관계도 잘 유지하는 것을 어렵게 만들기도 합니다. 특히 아직 자식을 떠나보내고 싶지 않은 부모와 부모 곁을 떠나기 어려운 젊은 부부들은 이러한 책임감에 묶여 있는 경우가 많습니다. 그러나 혼인 때의 서약은 새로운 가정을 꾸리기 위해 부모 곁을 떠나는 것을 전제로 합니다.

아들은 어머니가 사는 집 맞은편 아파트에서 50년간 살았습니다. 어머니는 아들이 사는 아파트의 열쇠를 가지고 있었는데, 이로 인해 아들 부부 사이에 큰 문제가 발생했습니다. 만약 남편이 아내에게 자신은 아직 어머니와의 관계를 끊지 않았다고 미리 말했다면 이 부부는 어머니와 더 좋은 관계를 유지할 수 있었을 것입니다.

부모님을 부양할 때는 우리에게 중요한 우선순위가 무엇인지를 식별하고, 나와 가장 가까운 사람은 배우자라는 사실을 인식해야 합니다. 그리고 부모님이 우리에게 해 주신 모든 것을 우리가 되갚아 드릴 수 없다는 것을 부모님도 받아들이셔야 합니다. 우리가 부모님으로부터 받은 것을 우리 자녀들에게 전해 주는 것이 인생의 법칙입니다. 이것을 부모님이 깨달으실 수 있도록 많은 대화를 나누는 것이 좋습니다.

지속적인 균형 찾기

우리는 부모님 곁에서 같이 살아가야 하는 현실과 배우자, 자녀들과의 생활 사이에서 지속적으로 균형을 잡아 나가야 합니다. 우리 삶의 모습은 나이가 들어 감에 따라, 가족들의 상황에 따라 계속 달라집니다. 직장에 다니거나 아직 어린 자녀들이 있는 경우에는 삶이 훨씬 더 복잡할 수 있습니다.

만일 우리가 직장에서 은퇴했다면 부모님을 돌보는 데 시간을 더 많이 할애할 수 있을 것입니다. 그러나 부모님에게 더 많은 시간을 할애할 수 있다는 것이 배우자를 혼자 두어도 괜찮다는 말은 아닙니다. 오히려 은퇴를 하면 배우자의 불안감이 커지면서 우리를 더욱 필요로 할 수도 있기 때문입니다. 바로 이러한 때에 어느 것이 더 중요한지 가려내야 합니다.

시어머니가 겨울을 지내러 우리 집에 오시면 '식사를 둘이나 셋이서 하게 되겠구나' 하는 감이 옵니다. 그래서 식사 문제 때문에 남편과 의논을 하여 나름대로 합리적인 결론을 내렸습니다. 점심은 시어머니와 함께 셋이서 하고, 저녁은 우리 부부끼리 함께 먹고 시어머니는 방에서 드시는 것으로 정하였습니다. 이렇게 해서 시어머니는 별 탈 없이 잘 지내시다가 댁으로 가셨습니다. (아니)

어머니와 함께 시간을 보내기 위해서 남편을 며칠간 집

에 혼자 두고 떠나야 한다는 것이 늘 마음에 걸렸습니다. 남편 다니엘은 매번 저에게 "성모님이 엘리사벳을 방문하는 것처럼 사명을 수행하러 가는구나. 걱정하지 말고 잘 다녀와."라고 말해 줍니다. 그리고 제가 집을 나설 때면 남편은 "당신 사명에 주님과 성모님께서 함께하시길."이라며 기도해 줍니다. 이러한 남편의 축복이 남편과 잠시 떨어져 있는 저에게는 위안이 되고 어머니와 함께 지내는 데 필요한 용기를 줍니다. (마리 클로드)

중요한 것은 부모님에 관한 문제를 결정할 때 부부가 함께 의논해야 한다는 사실입니다. 만일 부모님을 위해 한 일이 부부 관계를 위협한다면 더 좋은 결정을 내릴 수 있도록 부부가 시간을 두고 이야기를 나눌 필요가 있습니다. 대화와 기도를 통해 부부 사이의 균형과 일치를 잘 유지하면서 부모님을 도울 수 있는 방안을 모색해야 합니다. 또 우리가 처한 상황을 잘 알고 계시고 좋은 선택을 하도록 이끌어 주시는 하느님을 신뢰해야 합니다.

건강이 안 좋아지신 시어머니가 얼마 전부터 저희와 함께 지내십니다. 그러다 보니 며칠간 집을 비우는 것이 어려워졌습니다. 시어머니가 밤에 혼자 계시는 것을 힘들어하셨기 때문입니다.

휴가 시즌이 다가왔을 때 우리 부부는 휴가를 어떻게 보내야 할지 막막했습니다. 우리에게는 휴식이 필요했고 시어머니에게는 매일 밤 곁을 지켜 줄 사람이 필요했기 때문입니다. 그때 이 두 가지를 모두 해결할 묘책이 떠올랐습니다.

우리 부부는 이번 휴가를 집에서 멀리 떨어진 휴양지에서 보내는 대신, 근처의 여러 둘레길을 걸으며 보내기로 했습니다. 우리는 매일 아침 도시락을 싸서 지역 탐방에 나섰고, 덕분에 둘레길이 주는 기쁨을 새롭게 만끽할 수 있었습니다. 그리고 해가 질 무렵에는 집으로 돌아와 시어머니를 정성껏 보살펴 드렸습니다.

이때 보낸 휴가가 저희 결혼 생활 가운데 정서적으로 가장 풍요로운 휴가였습니다. 이처럼 우리는 시어머니와 함께 지내는 3년 동안 새로운 경험을 아주 많이 했습니다. (아니)

7장

부모님의 신앙 여정에 동반하기

새로운 자신을 찾는 자유

노년은 자신의 소명을 완성하는 시기입니다. 부모님의 삶은 아직 끝나지 않았기에 하느님과 만나는 삶의 결실을 향한 여정을 계속해야 합니다. 그리고 이제 곧 그 끝에 도달하게 될 것입니다. 그러므로 우리에게는 끝까지 부모님과 함께 여정을 계속해야 할 소명이 있습니다.

"우리의 외적 인간은 쇠퇴해 가더라도
 우리의 내적 인간은 나날이 새로워집니다."

— 2코린 4,16

노년기는 모든 것이 감퇴하는 시기이기에 아주 활동

적이던 노인들에게는 매우 힘든 시기이기도 합니다. 힘이 약해지고 활동 영역이 좁아지고 친구 관계도 점점 소원해집니다. 손주들은 독립해서 멀리 떠나가고 혼자 외출하는 것이 더 힘들어지고 일상적 활동이 둔해집니다.

그러나 한편으로 노년기는 새로운 자유를 발견하는 시기이기도 합니다. 무엇인가를 시도하는 시기가 아니라 '있는 그 자체'의 자유를 느끼는 시기이기 때문입니다. 이것은 자기 안에서 자신을 다시 찾아내는 자유이자, 강하고 활동적인 어른이라는 존재 속에 감춰져 있던 어린아이의 모습을 다시 찾아내는 자유입니다. 물론 자유를 찾는 여정은 사막을 건너는 것만큼의 시련을 겪지 않고서는 쉽게 목적지에 이를 수 없습니다.

저는 집과 직장을 오가며 정신없이 바쁜 삶을 살고 있습니다. 그런데 제가 어머니를 뵈러 갈 때나 잠시 어머니를 떠올릴 때면 순간 시간이 멈춰 버린 것처럼 느껴질 때가 있습니다. 연로하신 어머니 옆에 가만히 앉아 있거나 어머니와 많은 이야기를 나누거나 혹은 아무 말도 하지 않고 있을 때 그런 경험을 자주 합니다. 어머니의 삶의 리듬에 맞춰 지내는 것이 저에게는 '영원'에 대한 영감을 얻는 시간입니다. 동시에 제 마음에 내재해 있는 무엇인가를 찾고자 질문하게 되는 때이기도 합니다. 저는 이것이 연로하신 부모님이 주신 선물이라고 생각합니다. 지금 저에게 필요한 영성이 무엇인지를 다시 깨달을 수 있었습니다. (엘리사벳)

소박한 것의 재발견

"너희가 회개하여 어린이처럼 되지 않으면,
 결코 하늘 나라에 들어가지 못한다."

— 마태 18,3

우리는 노인들이 어린아이처럼 행동한다고 해서 가끔 빈정거리거나 멸시하는 말투로 '노망이 들었다'고 표현합니다. 그러나 이러한 행동이 하늘에 계신 우리 아버지를 만나기 위해 잃어버린 신뢰를 되찾고 하느님께 의탁하는 마음을 갖게 하는, 삶의 마지막에 특별히 허락된 은총이라면 어떨까요?

우리는 부모님이 삶을 포기하고 단념하시려는 순간에 버팀목이 되어 드려야 합니다. 부모님이 느끼는 두려움과 불안한 마음, 그리고 부모님이 새로이 찾아내신 것이 무엇인지 관심을 가져야 합니다. 부모님은 때론 진부한 모습을 보이시기도 하고 현실에 저항하는 모습을 보이시기도 할 것입니다. 그러나 이러한 모습을 통해 부모님의 새로운 면을 조금씩 발견할 수 있게 되는데, 그것은 바로 물질에 대한 무관심이나 소박함, 그리고 삶에 대한 초연함과 하느님께 의탁하는 모습 같은 것입니다.

> 어머니는 창가 옆 소파에 앉아 당신이 놓아둔 씨앗들을 쪼아 먹으며 파닥거리는 새들을 보면서 대부분의 시간을 보내곤 하십니다. (안느)

노년기는 어린아이와 같은 마음을 되찾는 시간이며 처음과 같이 영원히 우리를 사랑하시는 하느님과 아버지와 자녀 관계를 회복하는 특별한 은총의 순간입니다.

"이 삶의 끝에,

　나는 하느님 앞에 빈손으로 나가리라."

— 아기 예수의 성녀 데레사

부모님과 함께 기도하기

부모님이 신자이든 냉담자이든 관계없이 부모님에게는 우리의 기도가 필요합니다. 노년기는 투쟁의 시기이기 때문입니다. 얼마 남지 않은 생을 더 충실히 살아가셔야 하는 부모님에게는 더더욱 우리의 기도가 필요합니다. 그러니 부모님을 만나기 전에 기도와 찬미의 시간을 갖도록 하십시오. 그래야 하느님의 사랑과 연민이 가득 찬 마음으로 부모님을 만날 수 있습니다.

* 부모님이 신앙을 가지지 않으신 경우

 부모님의 여정에 함께하기 위해서는 기도 안에서 부모님이 궁금해하시고 불안해하시는 것이 무엇인지 경청해야 합니다. 주님께서는 사람의 마음 깊은 곳에서 활동하십니다. 그러므로 우리는 부모님이 신앙에 마음을 열기 위해 보내시는 아주 작은 신호에도 관심을 기울여야 합니다. 또 부모님을 돌보는 시간이 생각보다 아주 길어질 수 있으므로 인내심을 가져야 합니다.

> 아버지는 생의 마지막 순간까지 당신이 정성을 다해 보살피셨던 가족들, 사랑했던 지인들과 행복하게 지내셨습니다. 우리 형제자매들이 부모님을 차례로 모셨기 때문에 아버지는 홀로 되실 어머니에 대한 큰 걱정 없이 편안하게 당신의 마지막 여행을 준비하셨습니다.
> 아버지는 아기처럼 주변 사람들에게 당신을 조금씩 내려놓고 내어 맡기는 삶을 받아들이셨습니다. 유복자셨던 아버지는 인간이 신을 인식할 수 없다고 믿는 불가지론자셨지만

신자들의 기도와 하느님의 말씀, 텔레비전 미사와 성가를 통해 점점 하느님 아버지의 사랑을 구하기 시작하셨습니다. 우리는 아버지가 물질에 대한 집착을 버리려고 애쓰시면서 우리에게 마음을 열려고 노력하시는 모습을 보았습니다. 그래서 우리 형제자매들은 아버지와 새로운 관계를 맺을 수 있었고, 아버지와 함께 지내기 위해 필요한 의사소통의 몸짓과 말들을 찾아낼 수 있었습니다. 아버지는 당신이 지금까지 몰랐던 하느님과 만나게 되리라는 것을 알고 계셨습니다. 아버지는 하느님 아버지 품에 당신의 모든 삶을 맡겨 드리고 행복하게 눈을 감으셨습니다. (프랑수아즈)

저는 가끔 어머니와 함께 자려고 어머니 댁에 가곤 했습니다. 어머니는 잠드시기 전까지 자주 불안해하셨습니다. 한밤중에 자다 일어나 보면 어머니가 침대 끝에 앉아 계시곤 했습니다. 그래서 저는 어머니에게 우리 가족 모두를 위해 성모송을 열 번씩 함께 바치자고 제안했습니다. 그전에 어머니는 묵주를 한 번도 잡아 보지 않으셨지만 이제는 당신 침

대 머리맡에 소중하게 걸어 두신 묵주를 잡고 기도를 바치곤 하십니다. (안느)

* 부모님이 신앙을 가지고 계신 경우

노인들은 교회 안에서 본인들이 소외되고 있다고 느끼며 어느 위치에 있어야 할지 몰라 불안해합니다. 그러나 노년기는 기도에 대한 새로운 가능성을 풍요롭게 발견할 수 있는 시기이기도 합니다.

"그리스도교 공동체는 … 노인들이 주는 선한 영향을 적극적으로 받아들여야 합니다. 이와 관련해서 저는 먼저 복음화를 떠올립니다. 복음화의 효과는 본질적으로 행위의 결과에 좌우되지 않습니다. 수많은 가정에서 손주들은 할아버지 할머니로부터 신앙에 대한 기초적인 내용들을 배웁니다. 또 노인들이 효과적으로 도움을 주는 다른 분야들도 있습니다. 성령께서는 세상의 시각으로 보면 별 가치 없어 보이는 인간적 방식들을 활용하시어 당신께서 바라시는 대로 원하시는 곳에서 활동하십니다. 실제로는 노인들로부터 지혜를 얻고 위로를 받는 사람들이 많습니다. 노인들은 홀로 지내기도 하고 병에 시달리기도 하지만, 때로는 따뜻한 충고로, 조용한 기도로, 포기와 인내를 통해 받아들인 고통에 대한 증언으로 사람들에게 용기를 북돋워 줍니다. 참으로 노인들이 힘이 빠지고 활동 능력이 감소될 때, 노인들은 섭리의 신비로운 계획 안에서 더욱 더 고귀한 존재가 됩니다."

— 요한 바오로 2세 성인 교황[5]

요한 바오로 2세 성인 교황은 고통당하고 소외된 사람들일지라도 보이지 않는 수도원처럼 자신과 연결된 사람들을 위해 보편적이거나 특별한 지향을 두고 기도하라고 권고하셨습니다. 즉 성소와 질병, 분열과 불화, 그리고 죽음으로 인해 고통받는 가정을 위해 기도하라는 것입니다. 스스로 쓸모없는 사람이라고 여기고 소외되었다고 느끼는 사람들과 영혼의 구원을 위해서, 그리고 사제들을 위해서 기도하라는 것입니다.

---

5 요한 바오로 2세 성인 교황, 〈노인들에게 보내는 서한〉, 1999.

부모님과 함께 성경을 읽고 주일 복음이나 독서를 읽으면서, 또는 미사에 참례할 수 없어서 텔레비전으로 미사를 드리는 부모님에게 봉성체를 해 드림으로써 기도 안에서 부모님과 함께 신앙 여정을 이어 나갈 수 있습니다. 또 부모님에게 세상을 위해서, 가족이나 이웃들을 위해서 기도할 수 있는 여러 방법들을 알려 드리는 것도 좋습니다. 수능을 치르는 손주를 위해, 중병으로 치료를 받는 사촌을 위해, 수술을 앞둔 친구를 위해, 실직한 이웃을 위해 기도하도록 도와드리십시오.

시어머니가 돌아가시기 몇 년 전에 저희와 함께 지내시게 되어 시어머니를 위한 별도의 방을 마련해 드렸습니다. 시어머니와 저는 성격도 취향도 달랐기에 조금씩 맞춰 가며 살았는데, 다행히 우리 가족은 모두 같은 신앙을 가지고 있었습니다. 이따금 신경전을 벌이기도 했지만 서로를 알아 가고 더 이해하며 서로의 다름을 받아들이고 용서하는 법도 배웠습니다. 하느님의 도우심으로 사랑의 열매와 희망의 기쁨을 얻는 법을 시어머니를 통해 배울 수 있었습니다.

우리는 함께 식사를 하면서 많은 이야기를 나누었습니다. 아이들은 대부분 멀리 지방에 살고 있었지만, 매주 수요일에는 저희 손주들부터 시어머니까지 4대가 모여 함께 저녁 식사를 했습니다. 이때가 증조할머니가 증손주들을 만나는 시간이었습니다.

시어머니는 돌아가시기 전 몇 달 동안 침대에만 누워 계셨고, 자연스럽게 시어머니의 침대가 우리 가족의 중심이 되었습니다. 시어머니는 우리와 13년을 함께 사셨는데, 하느님께 떠나시는 날에는 제 손을 꼭 잡고 계셨습니다. 저는 시어머니에게 "어머니가 제 어머니셔서 정말 감사했습니다."라고 말씀드렸습니다. 지금도 어머니가 돌아가시기 전 몇 년 동안 4대가 함께 모여서 지낼 수 있었다는 것에 감사합니다.

우리도 시어머니를 위해 기도를 드렸지만 시어머니도 저희를 위해 많이 기도하셨다는 것을 압니다. 시어머니가 가족 모두를 위해 매일 절실한 마음으로 기도해 주셨기에 우리 가족 모두가 기도의 힘으로 살아올 수 있었다고 생각합니다.

시어머니는 젊으셨을 때 병원에 자주 입원하셨는데, 그때마다 옆 병상의 환자들에게 하느님의 말씀을 전하셨다고 합니다. 저는 시어머니가 마지막 숨을 거두실 때까지 선교의 마음을 간직하고 계셨다고 믿고 있습니다. 시어머니가 뿌리신 기도의 열매를 이렇게 증언할 수 있는 것이 얼마나 기쁜 일인지 모릅니다. (아니)

하느님의 역사하심을 체험하기

우리는 하느님 아버지께서 부모님의 삶을 이끌어 주신다는 것을 잘 알고 있습니다. 그러니 하느님을 믿어야 하며 그분께서 보내시는 표징들을 알아차리기 위해 주의를 기울여야 합니다. 하느님께서는 마술과 같은 방법이 아니라 일상의 사건들과 만남, 그리고 우리가 마주한 상황 속에서 표징을 드러내십니다. 더불어 하느님께서는 좋은 언행과 적절한 행동을 하도록, 그리고 필요한 결정을 내리도록 북돋워 주시고 이끌어 주십니다. 물론 하느님께서 우리의 자유나 책임을 대신해 주시는 것은 아닙니다. 그래서 소화 데레사 성녀는 "예수님께서 모든 것을 이끌어 주십니다."라고 말합니다.

> 아버지가 돌아가신 후로 15년 동안 어머니와 저는 아주 멀리 떨어져 살았습니다. 그러나 저는 가능한 한 어머니와 함께하려고 노력했습니다. 다행스럽게도 여동생이 어머니 댁 근처에 살고 있었습니다. 이 긴 시간 동안 언제 무엇을 해야 하는지를 알 수 있도록 모든 것을 성령께 맡기고 남편과 함께 부단히 노력했습니다.
>
> 아버지가 돌아가시고 나서 처음 몇 년 동안은 혼자 지내시는 어머니가 너무나 마음에 걸렸습니다. 저는 잠시라도 어머니와 함께 지내기 위해서 더 열심히 일했고 따로 휴가를 내기도 했습니다. 그때는 제가 좀 더 시간을 낼 수 있도록 성령께서 도와주셨던 것 같습니다.
>
> 그리고 어머니가 돌아가시기 전에 저는 성령께서 보내시는 특별한 표징을 두 번 정도 아주 강하게 받았습니다. 어머

니를 마지막으로 찾아뵈었을 때와 어머니가 병자성사를 받으셨을 때입니다.

어느 날 아침, 남편이 저에게 말했습니다.

"그렇게 너무 걱정하지 마. 생각해 봤는데, 장모님을 뵈러 일주일씩이나 다녀올 필요는 없을 것 같아. 지금 우리가 낼 수 있는 시간이 별로 없는데 그렇게 하면 당신이 너무 힘들잖아. 내 생각에는 하루 정도만 장모님을 뵙고 오면 될 것 같은데, 당신 생각은 어때? 내가 기차 시간을 알아 놨어."

솔직히 저는 그때 자신감을 많이 상실한 상태여서 어머니에게 가지 않으려 했습니다. 우리는 파리 인근에 살았고 어머니는 알프스 지방에 사셨기 때문에 어머니를 뵈러 가려면 기차로 대여섯 시간이나 걸렸습니다. 게다가 기차 시간이 안 맞는 경우도 많았고 가끔씩 운행이 중단되기도 했습니다.

그런데 남편이 하루 정도 짧게 여행을 다녀오자고 했을 때, 저는 이것이 하느님께서 주시는 어떤 메시지가 아닐까 생각했습니다. 그래서 얼마 뒤에 어머니를 뵈러 갔습니다. 당시 어머니는 다리 골절로 몇 달 전부터 요양원에서 지내고 계셨습니다. 요양원은 깨끗한 현대식 건물이었고 직원들도 친절했습니다. 다행히 어머니는 그곳에서 잘 적응하고 계셨습니다. 언제 '당신 집'으로 돌아갈 수 있냐고 자주 물으셨지만 어머니가 요양원을 나와 집으로 돌아가는 것은 현실적으로 어려웠습니다. 다리 골절 후 어머니의 움직임이 눈에 띄게 둔해지셨기 때문입니다.

요양원에 가 보니 어머니는 못 본 새 너무나도 수척해져 있었습니다. 저는 어머니와 함께 언제 적인지 기억도 나지 않는 50년도 더 된 옛일들과 아주 최근의 일들을 이야기했습니다. 그리고 어머니를 휠체어에 태워 가까운 곳으로 산책을 나갔습니다. 정말 행복한 시간이었습니다.

이것이 제가 어머니와 함께한 마지막 추억입니다. 이틀 뒤 어머니는 병원에 입원하셨습니다. 성령께서 다시 한번 저와 함께해 주셨습니다. 어머니의 상태가 더 악화되었다는 것을 알고 저는 병원 원목 신부님에게 어머니의 병자성사를 청했습니다. 신부님이 병자성사 때 가족 중 한 명은 함께 있는 것이 좋겠다고 말씀하시는 순간 '좀 어려울 것 같은데'라는 생각이 스쳤습니다. 병원 근처에 사는 언니는 신앙에 별 관심이 없었고, 저도 이곳에 오려면 따로 시간을 내야만 했기 때문입니다.

이때 남편이 저의 든든한 버팀목이 되어 주었습니다. 남편은 저에게 용기를 잃지 말라고 격려해 주고 모든 것이 다 잘될 것이라고 위로해 주었습니다. 다행히도 하느님께서는 원목 신부님이 병자성사를 집전해 주시는 날과 남편과 어머니를 찾아 뵙기로 한 날을 맞춰 주셨습니다. 그래서 저는 남편과 함께 병자성사에 참석할 수 있었고 시간이 되는 다른 언니도 함께해 주었습니다.

우리는 이 일로 인해 진정으로 주님의 세심한 사랑을 느꼈습니다. 병자성사 때 어머니 곁에는 신자인 두 딸이 함께했고 옆 침대에는 연세 많은 자매님이 계셨습니다. 그 자매님은 하느님께서 우리 가족에게 주신 깜짝 선물이었습니다. 어머니는 이 자매님과 오래전부터 알고 지내셨는데, 두 분이 함께 매일 미사에 참례하시면서 친해지셨다고 합니다.

병자성사가 끝난 후에 병실을 나오면서 저는 어머니에게

곧 뵈러 오겠다고 말씀드렸습니다. 제 말이 끝나기도 전에 어머니는 고개를 저으시며 눈빛으로 제 말을 끊으셨습니다. 그래서 저는 다시 말했습니다.

"엄마, 엄마 말이 맞아. 내가 엄마에게 나의 수호천사를 여러 번 보냈어. 약속할게. 그때가 되면 천사가 엄마와 함께 있을 거야. 천사에게 나 대신 엄마를 찾아가 달라고 부탁할게."

떠나는 우리에게 어머니는 함박웃음을 지어 보이셨습니다. 아주 아름답고 행복한 미소였습니다. 그리고 다음날 어머니는 하느님 곁으로 가셨습니다. 어머니가 돌아가셨다는 소식을 전해 듣고도 우리 가족은 차분하고 담담했습니다. 어머니가 행복하게 떠나신 것에 모두 큰 감동을 받았기 때문입니다.

어머니가 돌아가시기 전 몇 달 동안 가장 큰 감동을 받은 것은 바로 성령께서 우리를 이끌어 주시는 방식이었습니다. 성령께서는 저만을 이끌어 주신 것이 아니라 저희 가족 모두를 이끌어 주셨습니다. 그리고 저와 남편은 서로 깊은 신뢰를 가지고 있다는 것을 다시금 깨달을 수 있었습니다. 그리고 어머니를 위해 함께 바쳤던 기도는 우리를 성령께 온전히 맡길 수 있는 힘이 되었습니다. 저는 성령께서 이 모든 것을 남편을 통해서 우리에게 말씀하셨다고 믿고 있습니다. (마리 클로드)

건강이 악화되신 어머니를 병원에 입원시켜 드렸습니다. 그리고 어느 날 저녁, 저는 병실에서 나오면서 어머니에게 말했습니다.

"엄마, 잘 지내. 모두 다 고마워."

그러자 옆에 계시던 아버지가 놀라는 표정을 지으셨습니다. 물론 아무것도 예측할 수 없는 상황이었지만 어머니의 임종이 그리 멀지 않았다는 생각이 들었습니다. 저는 매우 슬펐지만 주님께 어머니를 하늘 나라로 인도해 달라고 간절히 기도 드렸습니다.

다음날 아침, 성경을 펼치니 "오늘은 기쁜 날, 오늘 내가 네 기도를 들어주리라."라는 말씀이 마음에 들어왔습니다. 그 순간 슬픔이 모두 사라졌습니다. 저는 어머니가 하늘 나라로 떠나셨다는 것을 확신했습니다. 바로 그때 아버지에게서 전화가 왔습니다.

"엄마 방금 돌아가셨다."

저는 즉시 병원으로 향했습니다. 차를 타고 가는 동안 천상에서 울리는 노랫소리가 귓가에서 떠나지 않았습니다. 저는 힘차게 노래를 불렀습니다.

"우리의 도성은 하늘에 있으니, 너희는 하느님의 영광으로 찬란히 빛나는 천상 예루살렘을 보게 되리라."

저는 하늘이 열리고 어머니가 개선장군처럼 주님을 만나러 들어가시는 것을 보았습니다. (마들렌)

고해성사 권하기

고해성사는 하느님과의 관계를 회복하고 마음의 상처들을 가라앉히고 치유하여 용서를 불러일으키는 놀라운 성사입니다. 그러니 부모님에게 고해성사를 보시도록 권하고 우리도 고해성사를 보는 데 주저하지 않아야 합니다.

우리 부부는 몇 년 전부터 양측 부모님의 회개를 위해 기도해 왔지만 뚜렷한 결실이 보이지 않았습니다.

성가정 축일 다음날이었습니다. 우리는 침묵 중에 특별히 부모님을 위해서 기도를 바치고 있었습니다. 늘 그렇듯이 저는 건강이 점점 나빠지시는 아버지가 주님께로 돌아서겠다는 결심을 하게 해 달라고 청하였습니다. 그러자 갑자기 제 마음 속에서 "아버지에게 고해성사를 받으라고 말하여라!"라는 말씀이 울려 나왔습니다. 저는 제 귀를 의심했습니다. '신앙심이 없는 아버지에게 하느님에 대해서 한 번도 제대로 말씀드린 적이 없는데, 고해성사를 받으라는 말씀을 드리라고?' 말도 안 되는 소리였습니다. 저는 계속 거부하려 했지만 이 말씀이 저에게서 떠나질 않았습니다. 계속해서 제 머릿속을 맴도는 말씀 때문에 몹시 혼란스러웠습니다.

아내는 성모님께서 다 알아서 해 주실 거라고 저를 격려해 주었습니다. 그날 밤부터 우리는 성모님께 모든 것을 맡기고 9일 기도를 시작했습니다. 9일 기도를 마치고 저는 행동을 개시했습니다. 점심을 함께 먹자는 핑계를 대고 아버지를 찾아갔습니다.

저와 형제들은 아버지를 만날 때마다 어떤 계기가 생기기를 바라는 마음으로 기도했습니다. 더 늦기 전에 아버지의 마음이 하느님을 향해 열리기를 바랐습니다. 저는 아주 작은 암시라도 있을까 해서 아버지를 주의 깊게 살폈습니다. 그러나 아무것도 없었습니다. 늘 그렇듯이 아버지와 저는 평범한 이야기들로 수다를 떨다가 시간을 다 보냈습니다. 사무실로 돌아갈 시간이 다가와서 제게는 선택의 여지가 없었습니다. 주님과 제 형제들에게 약속한 일을 물리고 싶지도 않았고 깨뜨리고 싶지도 않았습니다. 그렇지만 아무 생각도 나질 않았습니다. 그러다 갑자기 제 입에서 이런 말이 나왔습니다.

"아버지, 요즘 건강은 어떠세요?"

사실 우리 가족은 아버지의 건강에 대해 말하는 것을 꺼려했습니다. 아버지는 당신 건강에 대해 이야기하거나 쇠약해진 당신 모습을 동정하는 것을 매우 싫어하셨기 때문입니다. 아버지는 조용히 말씀하셨습니다.

"지낼 만해. 다만 다리가 많이 아프기는 하지. 너도 알다시피 이제 거의 움직일 수가 없구나."

사실 저는 아버지가 약간은 비관적인 말씀을 하시기를 내심 기다리고 있었습니다. 그래서 아버지에게 제게 좋은 약이 있다고 말씀드렸습니다. 그러자 아버지는 그 기적의 약이 무엇인지 궁금하다는 듯이 제 말에 귀를 기울이셨습니다. 저는 더 이상 물러설 곳이 없었습니다.

"아버지 잘 들어 보세요. 저는 아버지가 고해성사를 보셔야 한다고 생각해요."

이제 폭탄의 잠금장치가 풀렸습니다. 저는 고개를 숙이며 아버지의 분노를 받아 낼 준비를 했습니다. 그런데 아무 일도 일어나지 않았습니다. 사실 저는 너무 긴장해서 감히 아버지를 쳐다볼 수도 없었습니다. 긴 침묵이 흐른 후에 아버지가 "그럴까?" 하고 말씀하셨습니다. 저는 잠시 당황했습니다. 제가 들은 말을 도무지 믿을 수가 없었습니다.

그 즉시 저는 베드로 신부님을 떠올렸습니다. 연세도 있으시고 경험도 많으신 분으로 지혜롭고 풍채도 당당해서 아버지를 압도할 수 있는 분이셨기 때문입니다.

결국 그날이 왔습니다. 저는 베드로 신부님을 모시고 아버지에게 갔습니다. 아버지가 대문을 열고 나오셨는데, 평소와는 달리 정장에 넥타이까지 매고 아주 잘 차려 입으신 모습이었습니다. 아버지는 정중하게 신부님을 맞아 주셨습니다. 저는 두 분만 남겨 두고 방에서 나왔습니다. 저와 아내, 형제들은 밖에서 정말로 열렬히 기도했습니다. 한 30분쯤 후에 신부님이 나오셔서 다 잘되었다고 차분하게 말씀하셨습니다. 저는 아버지에게 감사하다는 말씀을 드렸습니다. 아버지는 온화한 표정으로 아주 행복한 미소를 지으시며 이렇게 말씀하셨습니다.

"신부님께서 내 모든 죄가 용서를 받았다고 말씀하셨단다. 그리고 여든여덟 살인 내가 오늘부터 새로운 삶을 시작한다는구나!"

이렇듯 아버지는 변화하셨고 고해성사의 은총으로 깨끗해진 삶을 새롭게 시작하셨습니다. 주님께서 미래를 향해 다시 나아갈 수 있도록 해 주신 것입니다. 아버지는 더 바랄 것이 없다고 하셨습니다. 분명히 베드로 신부님이 정확한 말로 아버지의 마음을 가라앉혀 주셨고 죄에서 해방시켜 주셨으며 영원한 삶을 향해 마음을 열도록 해 주신 것입니다.

그 후 아버지와의 관계는 예전과 많이 달라졌습니다. 제가 점심을 먹으러 아버지를 찾아뵈면 항상 주님의 기도와 성모송을 함께 바쳤습니다. 아버지는 내적으로도 한결 차분해지셨습니다.

주님께서는 아버지를 당신 곁으로 부르시기 전까지 일 년 동안 아버지가 더 차분하고 행복하게 사시도록 이끌어 주셨습니다. (장 로맹)

병자성사 준비하기

아버지나 어머니의 건강에 큰 문제가 생겨 생명이 위태로워지면 이로 인해 부모님이 의기소침해지시거나 삶에 대한 피로감을 느끼시기도 합니다. 이런 상황을 맞

닥뜨리게 되면 어떻게 부모님을 도와드리고 함께해 드려야 할지 혼란스러워집니다. 아마도 이때가 부모님에게 병자성사를 권해 드릴 때일 것입니다.

병자성사는 사람들이 말하는 임종 전대사가 아니라는 것을 부모님에게 잘 설명해 드려야 합니다. 예전에는 임종 전대사를 권하기 위해 언제일지 모르는 마지막 순간을 기다리기도 했습니다. 물론 어떤 사람은 병자성사를 죽음이 임박한 징조라고 여겨 두려워할 수도 있습니다. 그러나 병자성사는 그런 성사가 아닙니다.

"이 성사는 병자에게 위로와 평화와 용기를 주고, 또 병자가 고해성사를 받지 못한 경우에 죄를 용서해 줌으로써 병자 자신과 교회 전체의 선익을 위하여 그를 그리스도의 수난에 더욱 가까이 결합시키는 특별한 은총을 준다. 이 성사는, 하느님께서 원하신다면, 육체도 치유한다. 어떤 경우든 이 도유의 성사는 병자가 하느님 아버지의 집에 건너가도록 준비시킨다."

— 《가톨릭 교회 교리서 요약편》, 319항

성탄절을 앞두고 아버지가 쓰러지셨는데 뇌혈관 장애라는 엄청난 진단을 받으셨습니다. 우리는 아버지가 돌아가실까 봐 매우 두려웠습니다. 전에는 그런 일이 없었는데 주님 성탄 대축일에 가족 모두가 아버지 곁에 모였습니다. 저는 비록 아버지가 마비와 정신착란 증상 등으로 몸이 많이 약해지셨지만 좋아하는 것들을 계속하실 수 있다고 생각했습니다. 실제로 병자성사를 받으신 것이 아버지 삶의 새로운 시작이었습니다. 아버지는 그 후로 2년을 더 사셨습니다.

병자성사를 받으시고 몇 개월 후 아버지는 다시 걸을 수 있게 되셨고 정신도 점점 맑아지셨습니다. 의사가 뇌혈관 장애는 감정 기관을 건드릴 수 있기 때문에 예전과 다른 '새로운 아버지'를 보게 될 것이라고 했습니다. 우리는 이 진단이 두려웠지만 상황은 우리 생각과 전혀 다른 방향으로 흘러갔습니다. 천성적으로 소심하고 불안감이 심하셨던 아버지가 아주 명랑하고 쾌활하고 수다스러워지신 것입니다. 아버지와 개인적으로 교류가 없었던 형제자매들은 아버지 내면에 감춰져 있던 새로운 모습에 깜짝 놀랐습니다.

아버지를 돌보던 직원들도 아버지의 친절함에 감동을 받았다고 합니다. 아버지는 같이 지내는 사람들의 손을 잡고 악수도 해 주시고 아낌없는 미소를 보내면서 격려의 말도 자주 해 주셨다고 합니다. 지금까지 소심하게 살아오신 아버지가 당신도 신자가 되고 싶고, 앞으로 70년은 거뜬히 사랑을 베풀며 살 수 있을 것 같다고 직원들에게 말씀하셨다고 합니다. 병자성사를 받으신 후에 아버지는 실제로 그렇게 사셨습니다. 아버지는 당신도 모르는 사이에 신앙의 증거자가 되셨습니다.

연세가 드실수록 아버지의 삶 속에 깊이 숨겨져 있던 것들이 드러났습니다. 그것은 바로 신앙과 지혜, 그리고 선함입니다. 아버지를 만날 때마다 힘이 들지 않은 건 아니었지만, 예측하지 못했던 이 상황이 어쩌면 우리 가족에게 은총이자 선물이라고 생각하게 되었습니다. 아버지의 병으로 인해 우리 가족은 아버지의 본래 마음을 목격했고 더 친밀한 사이가 되었기 때문입니다.

그렇게 아버지는 이 세상에서의 당신 사명을 소박하게 마

치시고 조용히 우리 곁을 떠나셨습니다. (글라라)

부모님이 세례를 받으셨다면 마음속에는 항상 하느님의 흔적과 예수님의 구원에 대한 자각, 그리고 성령의 인호가 있습니다. 주님께서는 우리를 위해 우리 안에서 직접 활동하시기 때문입니다. 주님께서는 당신 몸의 지체들인 손과 입, 심장을 통하여 당신의 사랑과 자비를 선포하고 베푸십니다. 다시 말해서 병환이 있거나 연로하신 부모님을 위해 봉사하는 주님의 도구들이 바로 우리 자신이라는 의미입니다.

할머니가 호스피스 병원에 입원하셨습니다. 저는 할머니가 이 세상에 머무실 날이 얼마 남지 않았다는 것을 알고 있었습니다. 할머니는 성당에 열심히 나가지 않으셨기에 누구도 할머니에게 신앙에 대해 말씀드리지 않았습니다. 또 가족 가운데 누구도 하느님께 가기 위해서 신앙을 준비해야 한다고 말하지 못했습니다. 저는 용기를 내어 할머니에게 병자성사를 받으시라고 권해 드렸습니다. 그런데 놀랍게도 할머니가 그렇게 하겠다고 하셨습니다. 그 즉시 저는 잘 아는 신부님에게 병자성사를 청하였고, 할머니는 마지막 성사를 당신 딸들과 손녀들이 보는 앞에서 받으셨습니다. 저는 할머니의 손을 계속 잡고 있었는데 신부님이 성사를 마치고 방에서 나가시자마자 마지막 숨을 기쁘게 내쉬셨습니다. (프랑수아즈)

8장

생활 환경 정비하기

부모님이 스스로 생활하시기 힘든 시기가 되면 다양한 어려움이 나타나기 시작합니다. 그러면 이제 부모님과 함께 지낼 수 있는 가장 좋은 방법을 찾아야 합니다. 이 장에서는 이 질문에 대한 바람직한 답을 찾고, 어떤 장애물을 피해야 하는지, 그리고 부모님과 좋은 관계를 유지하는 기준은 무엇인지 제시하고자 합니다.

부모님의 상황을 고려하기

부모님의 상황은 모두가 같지 않을 뿐더러 일반적인 규칙도 없습니다. 그러므로 연로하신 부모님의 요구가 무엇인지 정확하게 확인한 다음 가능한 방법을 찾아보아야 합니다. 즉, 도와줄 사람이나 보살펴 줄 사람을 찾아보거나 자신이 사는 지역에서 부모님을 모시기에 적당한 집을 알아볼 수 있을 것입니다.

때로는 갑작스러운 상황에서 어려운 결정을 신속하게 내려야 할 때도 있습니다. 그러나 가능하다면 가족들과 의논하거나 부모님과 상의하여 미리 대비를 해 두는 것이 바람직합니다. 우선 부모님이 진정으로 바라시는 것이 무엇인지를 파악하는 것과 부모님과 함께 미래를 계획하는 것이 중요합니다. 이렇게 이야기를 나눠 보고 실현 가능성을 살펴서 가족 모두가 편안한 삶을 살아갈 수 있도록 계획해야 합니다. 이때 부모님의 희망사항과 그것을 실천할 수 있는 자녀들의 능력이 동시에 고려되어야 합니다.

당연한 이야기지만 급하게 결정을 내려야 할 때일수록 더욱 신중해야 합니다. 우리의 선택이 부모님을 만족시키지 못할 수도 있기 때문입니다. 또 순간적인 판단으로 희생이 크고 비현실적인 결정을 내리지 않도록 주의해야 합니다. 우리가 뭐든지 항상 다 잘할 수는 없다는 사실을 인정해야 합니다.

어떤 해결책은 지금 이 순간에는 꼭 필요할 수 있지만 나중에는 필요하지 않을 수 있습니다. 부모님의 건강 상태가 달라질 때마다 각기 다른 해결책이 요구될 것입니다. 어떤 결정을 하든지 그 결정을 내리기 전에 미리 예측하고 준비한다면 바람직한 해결책을 찾을 수 있을 것입니다.

각자의 삶 존중하기

부모와 자식이 함께 산다면 각자의 삶을 살 수 있는 가장 좋은 방법을 찾아야 합니다. 무엇보다 부모와 자식이 각자의 개인적인 공간을 가져야 합니다. 그래야 함께 사는 것이 지옥처럼 느껴지지 않을 것입니다. 가장 좋은 방법은 삶의 공간을 적절하게 구분하는 것입니다. 부모님은 부모님만의 생활 공간이 별도로 있어야 합니다. 침실, 욕실과 거실은 최소한 부모님이 납득하실 수 있을 정도로 독립적인 생활이 가능해야 합니다.

  또 부모와 자식은 서로의 필요에 따라 함께 만나고 식사하는 시간과 장소를 정해야 합니다. 부모님과 함께 시간을 보낼 때는 우리 아이들에게 도움을 청할 수도 있습니다. 손주들도 조부모님을 위해 시간을 낼 수 있으며, 이는 가족 간의 친밀한 관계를 유지하는 데 도움이 됩니다.

> 손주들이 모두 독립을 해서 제 딸이 시간이 조금 난다고 했습니다. 그래서 일주일 중 하루를 할머니와 함께 지내 달라고 딸에게 부탁했습니다. 제 딸의 취향이 할머니와 비슷해서 함께 정원 가꾸기, 요리, 보드게임을 하며 즐겁게 지냅니다. (프랑수아즈)

  가족 간 그리고 세대 간의 유대를 통해 단절과 불안정 혹은 경제적 어려움에 맞설 수 있습니다. 무엇보다 부모님과 함께 있을 때 가족 간에 진정한 유대가 형성됩니다. 부모님뿐 아니라 모두의 사생활이 존중될 수 있는 올바른 선택을 하도록 성령께 우리를 비추어 주시기를 간구합시다.

우리를 대신해 도와줄 사람 찾기

만약 부모님 가운데 한 분이 먼저 돌아가시면 홀로 남은 분은 많이 약해지시고 혼자 남았다는 생각에 불안해하실 수 있습니다. 이런 상황이 오면, 가능한 범위 내에서 최선의 해결 방법을 찾아야 합니다.

부모님과 함께 살 수 없을 때는 부모님 집에 자주 방문하는 것만으로도 남아 계신 분에게 큰 힘이 될 수 있습니다. 부모님이 외로움을 느끼시지 않도록 이웃들이나 친한 친구들의 도움을 받아 다양한 방식으로 찾아뵈어야 합니다.

어머니는 평소에 이웃들과 친하게 지내셨습니다. 예전에

어머니가 이웃을 만나러 가실 때 개를 산책시킬 겸 같이 데리고 다니셨는데, 아마도 이때 좋은 관계를 맺으신 것 같습니다. 요즘은 어머니에게 빵을 가져다주는 이웃도 있고 시장을 함께 보러 가거나 집에 자주 방문하는 이들도 있다고 합니다. 저는 어머니와 멀리 떨어져 살고 있는데, 어머니가 연로해지실수록 이웃들과 정이 더 깊어지는 것 같아서 매우 안심이 됩니다. 어머니에게 저희 집 근처로 이사 오시라고 몇 번이나 말씀드렸지만 어머니는 지금 사는 곳을 떠날 생각이 전혀 없다고 말씀하십니다. (가브리엘)

밤에 부모님을 돌볼 사람이 필요할 때는 외부에서 찾아볼 수도 있습니다. 때로는 우리가 생각하지도 못했던 사람이 나타나기도 합니다.

어머니는 밤에 몇 시간 정도 당신을 돌봐 줄 사람이 필요했습니다. 그래서 어느 간호대학에 다니는 여학생을 하숙시키셨는데, 마침 그 여학생도 숙식을 해결할 집을 찾고 있었다고 합니다. 어머니는 여가 시간에 종종 이 여학생과 스크래블 게임을 했는데, 덕분에 기억력이 많이 회복되셨습니다. (안느)

방문 서비스 이용하기

부모님은 연세가 드시면서 힘이 점점 약해지시기 때문에 집안에서 하기 힘든 일을 도와줄 사람이 필요하다는 생각을 자연스레 하시게 됩니다. 또 부모님 중 한 분이 거동이 심하게 불편해지시면 다른 한 분은 큰 짐을 지게 되어 매우 불안해하실 수 있습니다. 이렇게 부모님이 더 이상 두 분이서만 지낼 수 없다고 판단되면 도와줄 사람을 외부에서 찾아야 합니다.

그러나 우리의 생각과 달리 부모님은 아직까지 혼자서 많은 일을 할 수 있다고 생각하시기에 외부인의 도움을 꺼려하실 수도 있습니다. 그렇지만 부모님이 더 이상 스스로 아무것도 하실 수 없게 되면 신중하게 부모님을 설득해야 합니다. 가끔은 부모님에게 외부 도움을 받아들이시도록 어느 정도 강제성을 가지고 설득할 필요도 있습니다.

> 아버지가 더 이상 혼자 걸으실 수 없게 되면서 누군가의 도움이 필요했습니다. 그런데도 한사코 외부인을 들이는 것을 반대하셔서 어머니가 거동이 불편한 아버지를 혼자 씻기셔야 했습니다. 그 일이 힘드시다 보니 두 분 사이가 조금씩 악화되었습니다. 우리는 어머니를 위해서나 두 분 관계를 위해서나 적당한 해결책이 필요하다고 판단했고, 결국 부모님을 설득해 간병인을 들이기로 했습니다. (이사벨)

노인 요양원 알아보기

노인 요양원은 자녀들이 부모를 방치하는 곳이라는 편견과 인력난이 심하여 부모님을 제대로 돌보지 못할 것이라는 의견이 많습니다. 그래서 이런 기관에 우리 부모님을 절대 보내지 않겠다고 다짐했을 수도 있습니다. 그러나 이런 모습을 일반화하지 않도록 해야 합니다. 자녀가 부모님을 자주 찾아뵐 수 있다면 이런 숙소가 좋은 해결책이 될 수도 있습니다.

가령 부모님 중 한 분이 돌아가시고 남은 한 분이 혼자 지내시는 상황에서는 부모님을 외롭게 두기보다 요양원으로 모시는 편이 나을 수 있습니다. 그러나 요양원에 들어가셔야 하는 부모님은 이러한 현실을 쉽게 받아들이지 못하실 수도 있습니다. 그럴 때 부모님이 가족으로부터 버림받았다고 느끼시지 않도록 가족들 모두 노력해야 합니다.

자녀들이 요양원에 자주 방문하고 부모님이 지내시게 될 방을 예전부터 사용하던 가구와 비품으로 꾸미는 것은 새로운 환경에 적응하는 데 도움이 됩니다. 또 요양원 직원들과의 관계도 중요합니다. 직원들은 부모님이 새로운 환경에 잘 적응하고 이 상황을 긍정적으로 받아들이도록 도와줄 수 있기 때문입니다.

> 아버지에게 뇌혈관 장애가 생겼을 때 우리는 아버지가 집에서 치료받으시는 것이 좋겠다고 생각했습니다. 그러나 현실적인 문제 때문에 결국 노인 요양원에 모시게 되었습니다. 우리 가족은 시설이 호화스러운 곳보다 직원과 서비스의 질이 더 중요하다고 여겨, 건물은 조금 낡아 보이지만 서비스가 좋은 시설을 선택했습니다. 다행히 좋은 의료진과 아버지에게 많은 관심을 기울여 주는 직원을 만나게 되어 매우 만족하고 있습니다. (베네딕트)

자녀들이 부모님과 멀리 떨어져 살고 가정 간호를 할 여력이 안 되거나 집에 모실 형편이 안 된다면 부모님의 동의하에 자녀들의 집에서 가까운 노인 요양원을 찾아볼 수 있습니다. 그러면 가족 관계도 좋아질 수 있고 친척들도 부모님을 쉽게 방문할 수 있습니다.

휴가 기간처럼 마땅한 해결책을 찾기 어려울 때에도 부모님을 잠깐 노인 요양원에 모실 수 있습니다. 그러면 부모님을 돌보던 자녀들도 잠시 쉬는 시간을 가질 수 있습니다. 물론 이때 노인 요양원에 미리 방문해 아버지나 어머니를 돌봐 줄 수 있는지, 숙소가 부모님 마음에 드시는지 살펴봐야 합니다. 최종 선택을 하기 전에 여러 차례 방문해 보는 것이 좋습니다.

부모님이 자녀들에게 더 이상 짐이 되는 것이 싫어서 직접 노인 요양원에 가겠다고 하실 수도 있습니다. 부모님이 이런 결정을 내렸다는 것은 스스로 새로운 단계에 적응해 평온하게 살아가겠다는 의지를 표명하는 것입니다.

> 제가 다니는 성당에 나이 많으신 한 자매님이 자녀들과 상의한 후에 노인 요양원에 들어가기로 결정했습니다. 자녀들에게 짐이 되기 싫었고 무엇보다 자녀들이 자신을 자주 찾아오리라는 것을 알고 있었기 때문입니다. 결론적으로 자매님은 자녀들, 손주들과 함께 행복한 시간을 보내고 있습니다. 자녀들은 차례를 정해서 매일 자매님을 방문하고, 자매님도 주일에는 요양원에서 나와 자녀들과 함께 시간을 보내

고 있습니다. (안느)

어떤 사람들은 외로움을 잘 견디지 못합니다. 배우자와 사별하여 혼자가 된 경우에는 더욱 그렇습니다. 그런 경우에는 노인 요양원이 더 행복한 해결책이 될 수도 있습니다. 노인 요양원에서 새로운 사람들과 만나는 것이 배우자의 죽음으로 인한 상실과 불안감을 해소해 줄 수 있기 때문입니다.

어머니가 편찮으셨을 때 아버지는 항상 어머니를 곁에서 돌보셨습니다. 다만 일주일에 한 번 아버지가 바깥바람을 쐬며 기분 전환을 하러 가시면 그때 제가 아버지 대신 어머니를 돌봐 드렸습니다.

어머니가 돌아가시고 얼마 되지 않아 아버지는 활력과 자유로움을 되찾으신 듯 보였습니다. 아버지가 친구들을 만나고 다양한 활동을 하면서 행복하게 지내셨기에 저 역시 아버지 댁에 매주 가지 않아도 되었습니다. 그러나 이런 시간은 그리 오래가지 않았습니다. 아버지는 어머니의 부재로 인해 심한 외로움을 느끼셨고 저는 다시 매주 아버지를 찾아뵙게 되었습니다.

얼마 후 아버지는 심근경색으로 심한 통증을 겪으셨고, 결국 노인 요양원으로 들어가셨습니다. 그렇지만 아버지는 요양원에서도 항상 즐거운 마음으로 지내셨고 모든 것에 만족하셨습니다. 아버지는 불평하신 적이 단 한 번도 없습니다. 침실 벽은 언제나 자녀들과 손주들, 증손주들 사진으로 빼곡했습니다. 저는 매주 수요일마다 요양원으로 아버지를 뵈러 갑니다. 그리고 가끔 아버지와 함께 '선종'에 대해 이야기를 나눕니다. 아버지는 이미 모든 준비를 끝내신 듯 차분한 모습으로 "내일 깨어나지 않아도 괜찮다."하고 말씀하십니다. 아버지는 얼마 전 아흔여섯 번째 생신을 맞으셨습니다. 저는 아버지가 평소 하신 말씀을 마음속 깊이 소중하게 간직하고 있습니다. "내 삶은 참 아름다웠고 나는 정말로 행복했단다."

(사빈)

"연로한 부모가 요양원이나 병원으로 가는 것 외에 다른 선택의 여지가 없는 경우도 있을 수 있다. 그런 조치가 필요할 경우에는 부모의 육체적, 정서적 행복뿐만 아니라 영적인 행복도 고려해야 한다. '아버지의 영적인 욕구가 충족될 수 있을까?'를 질문해 보아야 한다. 이 질문은 너무 자주 간과되어 왔다. 우리가 정말 부모의 행복에 관심이 있다면 이것은 반드시 풀어야 할 문제이다.

평생 동안 매일 미사를 드리고 매주 고해성사를 보던 사람이 신부가 한 달에 한 번만 방문하는 요양원에서 그것도 마침 의사와의 면담 시간과 겹치게 되면 정말 끔찍한 기분이 들 것이다. 영적인 요구가 육체적, 심리적인 것만큼 중요하기 때문에 영적 삶에 대한 배려를 무시하거나 간과해서는 안 된다."[6]

---

[6] 진 제로멜, 《노년의 부모를 어떻게 보살필 것인가》, 가톨릭출판사, 2004.

나가는 말

드골 장군은 "노년기는 난파선이다."라고 말했습니다. 인간적인 관점에서 보더라도 이 말에 반대하기는 어려울 것입니다. 우리는 노쇠해져 가시는 부모님을 보면서 인간이 수천 년 전부터 성찰해 왔던 절대적인 사실과 마주하게 됩니다. 바로 인간이 언젠가는 죽는다는 사실입니다.

물론 신체 능력이 쇠퇴해 가는 것을 평온하게 받아들이며 행복하게 늙어 가는 사람들도 있습니다. 이렇게 살아갈 수 있도록 우리 모두 기도해야 합니다.

이왕 바다와 관련한 비유를 들었으니, 노년기를 난파선에 비유하는 대신 다른 해안가에 도착하는 것에 비유할 수도 있지 않을까요? 노년기에 드러나는 불안은, 전혀 알지 못하지만 동시에 기다려지는 '새로운 세계'에 이르렀음을 의미하는 것이라고 할 수 있습니다. 이것은 노인들뿐 아니라 우리 모두에게도 해당됩니다.

많은 어려움에도 불구하고 우리는 부모님을 모시고 새로운 세계를 향해 나아가야 합니다. 앞에서 언급하였듯이 부모님과 동반하기 위해서는 살펴볼 것이 많다는 것을 잊지 말아야 합니다. 이 모든 문제와 책임, 그리고 걱정으로 여겨질 수 있는 것들은 하느님께서 우리의 신앙과 사랑을 성장시켜 주시기 위한 섭리로 작용하는 것 아닐까요?

처음에 우리는 늙으신 부모님을 도와드리고 사랑해 드리고, 보살핌과 애정으로 부모님을 감싸 줄 수 있을 것이라고 생각했을지 모릅니다. 맞습니다. 이것이 자연스러운 모습입니다. 부모님이 우리에게 모든 것을 주신 것처럼 우리도 부모님에게 시간과 관심을 어느 정도 되돌려 드려야 하지 않겠습니까?

사랑을 길어 올리려면 사랑의 샘에 가야만 한다는 것을 우리는 경험을 통해 잘 알고 있습니다. 사랑의 샘에 가지 않으면 사랑한다는 것이 무엇인지 알 수 없습니다. 우리에게 맡겨진 부모님을 진심으로 사랑하기 위해서는 예수님과 하늘에 계신 아버지, 그리고 성령의 마음이 우리에게 절실히 필요합니다.

"너희는 나 없이 아무것도 하지 못한다."(요한 15,5)라고 하신 예수님 말씀처럼 부모님과의 여정에 예수님께서 함께해 주실 것입니다.

부록

미리 알아 두면 좋은
노인 복지 제도

부모님을 곁에서 보살펴 드리고자 하는 마음이 크더라도 현실적으로 자녀들이 모든 순간에 함께하기는 힘듭니다. 게다가 부모님의 거동이 불편해지고 혼자 생활하실 수 없게 되면 어려움은 더욱 커질 것입니다. 그런 상황이 오면 국가에서 지원하는 노인 정책을 통해 여러 도움을 받을 수 있습니다.

다음은 보건복지부 노인 복지 정책에서 유용한 내용을 추려 정리한 것입니다. 가족들과 함께 내용을 미리 숙지한다면 중요한 결정을 내려야 하는 순간에 현명하게 대처할 수 있을 것입니다.

노인 돌봄 기본 서비스 사업

홀로 사는 노인들의 안전을 살피고 일상생활에 필요한 도움을 주는 서비스입니다. 노인 돌보미가 주 1회 자택으로 방문하고 주 2~3회 전화를 해 노인의 건강·정서 상태를 확인하며, 폭염이나 한파 등 기상 특보가 발령되었을 때에는 추가로 일일 안전 확인을 합니다. 또 필요한 경우 생활 교육을 겸하며 도시락 배달 등 지역 복지 서비스와 연계한 지원도 하고 있습니다.

연 1회 전국 단위 현황 조사를 통해 만 65세 이상 독거노인의 소득, 건강, 주거, 사회적 접촉 등을 종합적으로 평가하여 서비스에 대한 선호가 높은 순으로 대상자를 선정합니다. 별도로 신청할 필요 없이 대상자로 선정되면 지원받을 수 있으며 비용은 무료입니다. 이와 관련해 궁금한 사항은 주소지 시·군·구청으로 문의하면 됩니다.

노인 돌봄 종합 서비스 사업

혼자 힘으로 일상생활을 해 나가기 어려운 노인에게 가사, 목욕 보조 등의 방문 서비스 또는 주간 보호 서비스를 제공합니다. 만 65세 이상 노인의 가구 소득, 건강 상태를 고려해 돌봄 서비스가 필요한 대상자가 선정되며, 서비스 대상자의 소득 및 서비스 시간에 따라 본인 부담금이 차등 적용됩니다. 서비스 내용은 아래와 같습니다.

❖ **방문 서비스**(월 27시간 또는 월 36시간)
- **신변·활동 지원**: 식사 도움, 세면 도움, 옷 갈아입히기, 구강 관리, 신체 기능의 유지, 화장실 이용 도움, 외출 동행, 목욕 보조 등
- **가사·일상생활 지원**: 취사, 생필품 구매, 청소, 세탁 등

❖ **주간 보호 서비스**(월 9일 또는 월 12일)
- 신체 기능 회복, 급식 및 목욕, 송영(픽업) 서비스

- ❖ **치매 가족 휴가 지원 서비스**(연 6일 범위 내)
  - 방문 또는 주간 보호 서비스 이용자 대상
  - 치매 노인에게 단기 보호 서비스 추가 제공

- ❖ **단기 가사 서비스**(1개월 24시간 또는 2개월 48시간)
  - 서비스 내용은 방문 서비스와 동일
  - 독거노인 또는 만 75세 이상의 고령 부부에 한해 제공

대상자 본인, 가족, 그 밖의 관계인이 서비스 대상자의 주민등록상 주소지 읍·면·동 주민센터에 신청할 수 있습니다. 신청서는 주민센터에 비치되어 있으며, 신분증과 소득 증명 자료가 필요합니다. 방문 전 주민센터로 문의해야 합니다.

노인 장기 요양 보험 제도

고령이나 노인성 질병으로 일상생활에 어려움을 겪

는 노인의 신체 활동 및 일상생활을 지원하여 노후 생활을 안정화하고 가족의 부담을 덜어주는 사회 보험 제도입니다. 소득 수준과 관계없이 노인 장기 요양 보험 가입자(국민 건강 보험 가입자와 동일)와 그 피부양자, 의료 급여 수급권자로서 65세 이상 노인과 65세 미만의 노인성 질병(치매, 중풍, 파킨스병 등)이 있는 자가 신청할 수 있습니다.

국민 건강 보험 공단 각 지사별 장기 요양 센터에 장기 요양 인정 신청을 하면 공단 직원이 방문 조사를 실시한 후 등급 판정 위원회에서 장기 요양 인정 및 1등급~5등급 중에서 등급 판정을 합니다. 장기 요양 인정이 되면 다음 서비스를 이용할 수 있습니다.

❖ **시설 급여**
- 요양 시설 장기간 입소, 신체 활동 지원 등

❖ **재가 급여**
- 가정을 방문하여 신체 활동 및 가사, 목욕, 간호 등 지원

- 주간·단기 보호 센터 이용, 복지 용구 구입 또는 대여

❖ 특별 현금 급여
- 장기 요양 인프라가 부족한 가정, 천재지변, 신체·정신·성격 등의 사유로 장기 요양 기관이 제공하는 장기 요양 급여를 이용하기 어렵다고 인정하는 경우 가족 요양비 지급

위 서비스의 본인 부담 비용은 시설 급여의 경우 20%(식재료비, 이미용료 등은 본인 부담), 재가 급여의 경우 15%이며 의료 급여 수급권자 등 저소득층은 각각 1/2로 경감됩니다. 기초 생활 수급권자의 경우 무료로 이용할 수 있습니다.

노인 주거·의료 복지 시설

❖ 노인 주거 복지 시설
- **양로 시설**: 노인을 입소시켜 일상생활에 필요한 편의를 제

공하는 시설

- **노인 공동생활 가정**: 가정과 같은 환경과 급식 등의 편의를 제공하는 시설
- **노인 복지 주택**: 노인에게 주거 시설을 분양 또는 임대하여 편의를 제공하는 시설

양로 시설과 노인 공동생활 가정의 경우 기초 생활 보장 수급자(생계 급여 또는 의료 급여)로서 일상생활에 지장이 없는 65세 이상의 노인, 부양 의무자로부터 적절한 부양을 받지 못하는 자로서 일상생활에 지장이 없는 65세 이상의 노인은 무료 입소가 가능합니다. 이 경우 해당 시·군·구에 입소 신청서를 제출하여 입소 신청을 해야 합니다.

당해 연도 월 평균 소득액이 도시 근로자 1인당 월 평균 소득액 이하인 자로 일상생활에 지장이 없는 65세 이상 노인은 실비 입소 가능하며, 입소자로부터 입소 비용의 전부를 수납하여 운영하는 양로 시설 또는 노인 공

동생활 가정의 경우 60세 이상 노인이면 유료 입소가 가능합니다. 이 경우 시설장과의 협의가 선행되어야 합니다.

노인 복지 주택은 단독 취사 등 독립된 주거 생활을 하는 데 지장이 없는 60세 이상 노인이면 입소 가능합니다.

❖ 노인 의료 복지 시설

- **노인 요양 시설:**

  노인성 질환 등으로 장애가 발생하여 도움이 필요한 노인을 입소시켜 일상생활에 필요한 편의를 제공하는 시설

- **노인 요양 공동생활 가정:**

  노인성 질환 등으로 장애가 발생하여 도움이 필요한 노인에게 가정과 같은 환경과 급식 등 편의를 제공하는 시설

장기 요양 급여 수급자 중 시설 급여 대상자, 기초 생활 수급자(생계 급여 또는 의료 급여) 중 65세 이상 노인, 부양

의무자로부터 적절한 부양을 받지 못하는 65세 이상 노인, 입소자로부터 입소 비용의 전부를 수납해 운영하는 시설의 경우 60세 이상 노인이면 입소 가능합니다.

위의 내용과 관련한 더 자세한 사항은 보건복지부 홈페이지(http://www.mohw.go.kr)에서 확인하실 수 있습니다.